ユニバーサル・スタジオ・ジャパン

USJ

令和完全攻略法

◆はじめに

今回、およそ2年ぶりに、ユニバーサル・スタジオ・ジャパン（以下、ユニバ）攻略ガイド本の制作を、手掛けることになりました。オフィシャルガイドやインターネットなどで、探せない情報をどれだけ収集できるのか。そんなことを念頭におきながら、手掛かりを求めて、ユニバへ何度も足を運びました。

巻末のマップは、資料を参考にしたのではなく、実際に、ユニバをまわって細かくチェックした集大成です。ゴミ箱や段差などは、たくさんありすぎて、正直、見づらいかもしれません。しかし、そういったところにこだわってチェックしたのは「必要と感じた」から、です。

ユニバには、小さなお子さんから年配の方まで、幅広い層のゲストが訪れています。わかりにくいことをスマホなどで調べるのではなく、本書をパラパラっと開いて、必要な情報にたどり着けるよう、エリア、アトラクション、ショップ&レストラン、および、大阪&周辺情報と、カテゴリー別にわけて掲載しています。

とくにアトラクションは、何度も自分自身で乗ったり、ヘビーユーザーの友人の話を聞いたりなどして、まとめました。

ほか、海外の友人たちにも本書のマップを見せて、指差し案内できるように、英語と中国語訳を掲載しています。

それ以外の情報は主に、ユニバで働くクルーや元ユニバ関係者などから直接、話を聞いてまとめました。クルーも知らない最新の情報をキャッチすることは、至難の業です。知人の紹介を通じて、先々のプロジェクトに関わる人脈にも巡り合えましたが、簡単には教えてくれません。

聞き込みはまるで、謎解きのようでしたが、何度も話を聞くうちに見えてきたことを私なりに解釈して、今回まとめました。

ユニバは常に進化をし続けています。ちょっと情報収集をサボっていると、ガラっと変化してしまっているのは日常茶飯事。裏を返せば、細かい変化にイチ早く気がつくことも楽しみの1つ。本書が少しでもユニバを楽しむために役立てたら、幸いです。

2019年7月某日　　IR研究家　てらこ

目次

目次

目次

Universal Studios Japan　Chapter X

オープンまで待ちきれない!?

スーパー・ニンテンドー・ワールド 全貌大予想！

2020年までに
オープン予定

スーパー・ニンテンドー・ワールドのお話

◆◆総工事費600億円以上の壮大プロジェクト◆◆

2016年11月29日のニュースリリースで、2020年の東京オリンピックまでに「スーパー・ニンテンドー・ワールド」を、投資額500億円以上かけてオープンするという発表がありました（後に、600億円以上と、当初より100億円上乗せした数字を発表）。

この投資額は、ウィザーディング・ワールド・オブ・ハリー・ポッターにかけた総工事費を超えており、数字だけみても壮大なプロジェクトであることがわかります。

◆◆マリオの映画がなければ作ればいい⁉◆◆

ユニバはもともと、映画を中心したテーマパークでした。ところが、途中からゲームやアニメなどといった、映画にこだわらないエンターテイメント・コンテンツを充実させていくようになったのです。

スーパー・ニンテンドー・ワールドでは「ゲームのなかにいるような感覚を味わえる」と、ユニバーサル・クリエイティブ プレジデントのマーク・ウッドベリーが語っていましたが、それだけにとどまらなさそうです。

なぜならば、イルミネーションと任天堂が共同で、マリオの映画を制作、というニュースが、2018年2月1日に発表されたから。イルミネーション・エンターテイメントは、ミニオンズを手掛けたアメリカのアニメーションスタジオですが、配給はユニバーサルピクチャーズが行うので、ユニバとの連動は確実に見据えていることでしょう。

しかしながら、マリオの映画公開は2022年を予定しているそうなので、コラボ企画は、ほんの少しだけ未来へ先送りになりそうです。

◆◆スーパー・ニンテンドー・ワールドの場所について◆◆

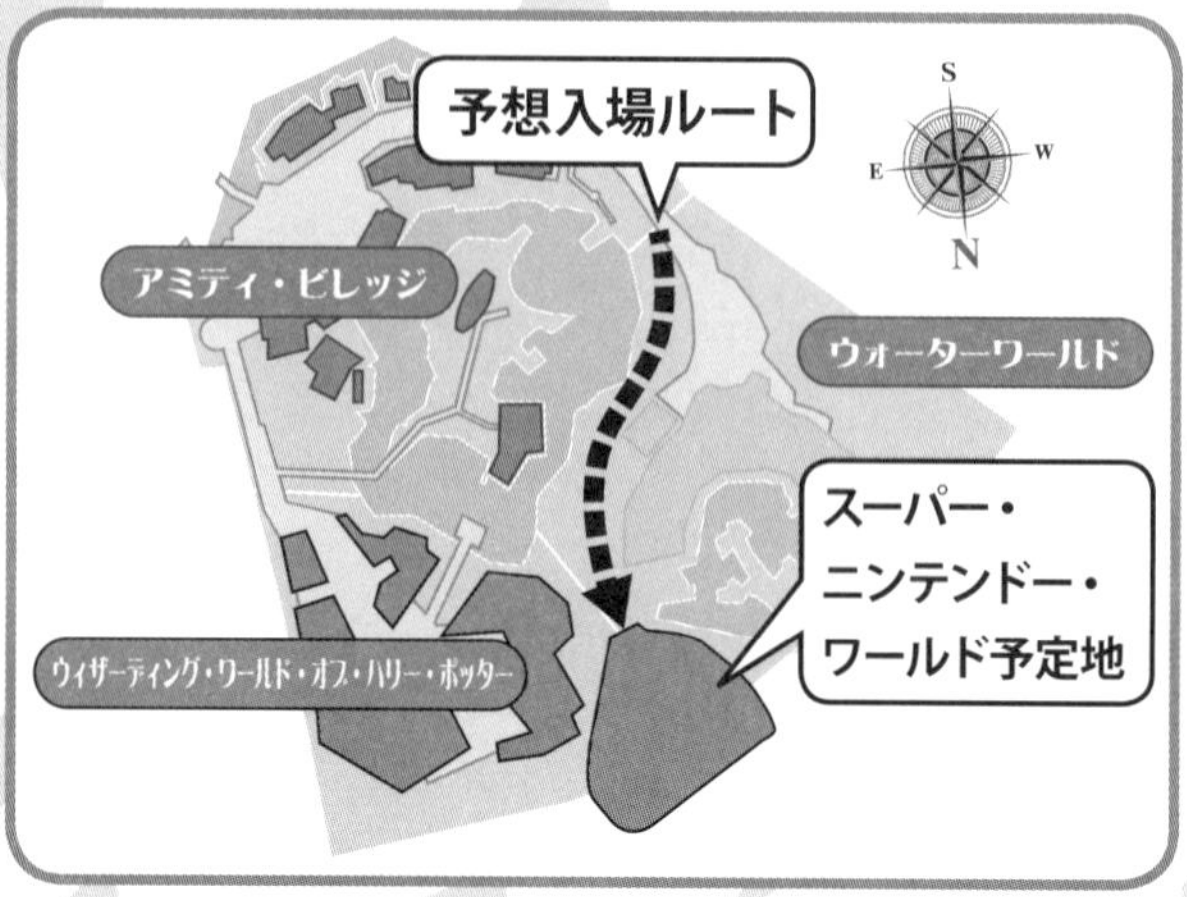

当初はハリウッド・エリアにある旧MBSスタジオのあたりにできると言われていましたが、2017年6月8日に行われた着工式で、ウィザーディング・ワールド・オブ・ハリー・ポッターと立体駐車場の間にできると、発表されました。2019年夏現在も工事は進められており、ウォーターワールドやアミティ・ビレッジのあたりから、その様子をチラ見することができます。スーパー・ニンテンドー・ワールドのエリアが完成した時の気になるエリアへのルートですが、一番可能性があるのがウォーターワールド・エリアの手前から入場するルートです。現在ウォーターワールド的なイメージの扉で締め切られていますが、オープンするころには、全く違った雰囲気のものに変更されるかもしれません。

◆世界のユニバーサル・スタジオにおける傾向◆

日本以外のユニバーサル・スタジオでは、オーランドとハリウッド、およびシンガポールの3か所での展開が予定されているそうですが、それぞれには次のような特徴があります。

❶ユニバーサル・スタジオ・ハリウッド

ユニバーサル・スタジオのテーマパークとしては最も古く、ほかのユニバーサル・スタジオのテーマパークとは違い、実際にハリウッド映画を撮影しているスタジオ内にあるということです。撮影のセットをまわるツアーなどもあり、映画好きの人には特におススメです。ライドやショーなどの様々なアトラクションや、日本とはまた違ったロサンゼルスならではのレストランなどもあり、1日中ハリウッドの世界を楽しめます。

❷ユニバーサル・オーランド・リゾート

1990年にハリウッドにつづき、世界で2番目に開業したユニバーサル・スタジオのテーマパーク・リゾートです。リゾート内には、ユニバーサル・スタジオ・フロリダとアイランズ・オブ・アドベンチャーの2つのテーマパークとウォーターパーク、ホテル、商業施設ユニバーサル・シティウォークオーランドがあります。ユニバーサル・スタジオ・フロリダは映画アトラクションが揃っていて、ユニバの参考にしたといわれています。

またアイランズ・オブ・アドベンチャーは、最先端のライドアトラクションが揃います。ユニバにないアトラクションも多く、十分に楽しめると思います。2つのパークを1日でまわるのは難しいので、複数日の予定で行くことをおススメ。また2つのパークはチケットが別になっているため、1日で両方まわるには2パーク用のチケットが必要です。お昼はテーマパーク内、夜は商業施設のユニバーサルシティウォークオーランドでゆったり過ごすのも良いです。

❸ユニバーサル・スタジオ・シンガポール

2010年に開業した、アジア2番目のユニバーサル・スタジオのテーマパークです。ほかのユニバーサル・スタジオのテーマパークに比べ小規模で、全体のアトラクション数も少ないですが、「マダガスカル」や「リベンジ・オブ・マミー」など、ユニバにないアトラクションもあります。ユニバに比べアトラクションの待ち時間も少なく、1日でパーク全体を楽しめます。

◆マリオを生み出した会社　任天堂とは？◆

ところで任天堂は、本社が京都にあるゲームメーカーとして世界中に有名な企業ですが、創業が明治22年であることから老舗であることが分かります。元々は、花札を製造販売していたのですが、創業から13年後にトランプの製造販売を手掛けるようになりました。

任天堂が電子ゲームで注目されるようになったのは昭和55年のこと。携帯型ゲーム機「ゲームウォッチ」を販売してからアメリカ・ニューヨーク州に現地法人を設立するなど、世界を意識した動きが目立ち始めました。

昭和58年には家庭用ゲーム機「ファミリーコンピュータ」を発売し、ファミコンブームの時代に突入。昭和60年に出た「スーパーマリオブラザーズ」は爆発的に売れ、マリオは任天堂を代表する人気キャラクターとして、多くのファンに愛されるようになりました。

しかし、マリオはもともと「ドンキーコング」の悪役だったのです。古くからのゲーム・ファンであれば常識かもしれませんが、マリオが悪役だったことを知らない方にとっては、衝撃的なエピソードだと思われます。

◆外国人観光客が日本に求める「マリオカート」◆

話は飛びますが、マリオやルイージ、ピーチ姫などのコスプレ姿の外国人観光客を東京のいたるところで見かけます。彼らはスマホを持ち歩きながらポケモンGOをしているわけではなく、仲間と一緒に1人ずつカートへ乗り込み公道を走っています。そのことはSNSで外国人観光客に圧倒的な広がりを見せ、外国人に人気の日本の体験・ツアーランキング2018（トリップアドバイザー調べ）1位になるほど。公道を走るカートの運転には普通運転免許が必要ですが、AT限定でも構わないようです。もちろん国際運転免許があれば、外国の方による運転もOK。

しかし、日本の道路事情を知らない外国人観光客の運転は、ほかのドライバーにとってみれば迷惑行為でしかありません。ヘルメットの着用義務がなく、体がむき出しの状態でカートを運転できてしまうため、非常に危険で事故につながる恐れがあります。

そのことを受けてどうかは分かりませんが、スーパー・ニンテンドー・ワールドで楽しめるアトラクションは「マリオカート」の可能性が高いです。任天堂公認のカーレースがユニバで楽しめるなら公道を走る必要がなく、安全性を気にすることもありません。本家が手掛けるなら、ハイクオリティのアトラクションになることを期待して、待つことにしましょう。

Universal Studios Japan　Chapter 1

パークをまわる前に知っておきたい

USJ全エリア情報

パーク全体の説明

ユニバは2019年現在、9つのエリアがあります。

正面のエントランスから時計回りに「ハリウッド・エリア」、「ニューヨーク・エリア」、「ミニオン・パーク」、「サンフランシスコ・エリア」、「ジュラシック・パーク」、「ウォーターワールド」、「アミティ・ビレッジ」、「ウィザーディング・ワールド・オブ・ハリー・ポッター」、「ユニバーサル・ワンダーランド」、という構成になっています。

そして2020年には、待望の新エリア「スーパー・ニンテンドー・ワールド」が誕生する予定です。

敷地の総面積は47万平方キロで、東京ドーム約10個分にあたります。かなり広い感じに思われますが、「東京ディズニーランド」や「東京ディズニーシー」と比較すると、ややコンパクトにまとまっている感じがあります。

ユニバは元々、ハリウッド映画の世界を体験できるテーマパークとして、誕生しました。パーク内にある建物に記されているステージ番号は、その名残りです。

ところが映画中心というコダワリを捨てて、とことんエンターテイメントを極めるテーマパークへ方向転換することになりました。

特に季節限定の「シーズン・イベント」は、「今しかないユニバと会える」と大好評になりました。

春は復活祭をモチーフにした「イースターイベント」で「ユニバーサル・ワンダーランド」を中心に、イースターにちなんだメニューを用意したり、グッズ販売をするなど、キッズに嬉しい催しを開催します。

夏はキャラクターとダンサーが水をかけ合う「サマー・イベント」で、誰もがびしょ濡れに

なり、暑さを吹き飛ばします。

秋の「ハロウィーン・イベント」には、ゲストがめいめい、お好きな仮装をして入場。昼のパークを楽しんだあと、夜は「ホラー・ナイト」の絶叫タイムを満喫。

冬の「クリスマス・イベント」は一年で最もパーク内が美しく彩られる季節。特に巨大なクリスマス・ツリーと幻想的なプロジェクション・マッピングの夢のコラボは必見です！

このように、年間パスを購入しても損をさせない、飽きさせない、リピーターを確保するなどの工夫が凝らされています。

★ USJパーク全体MAP ★

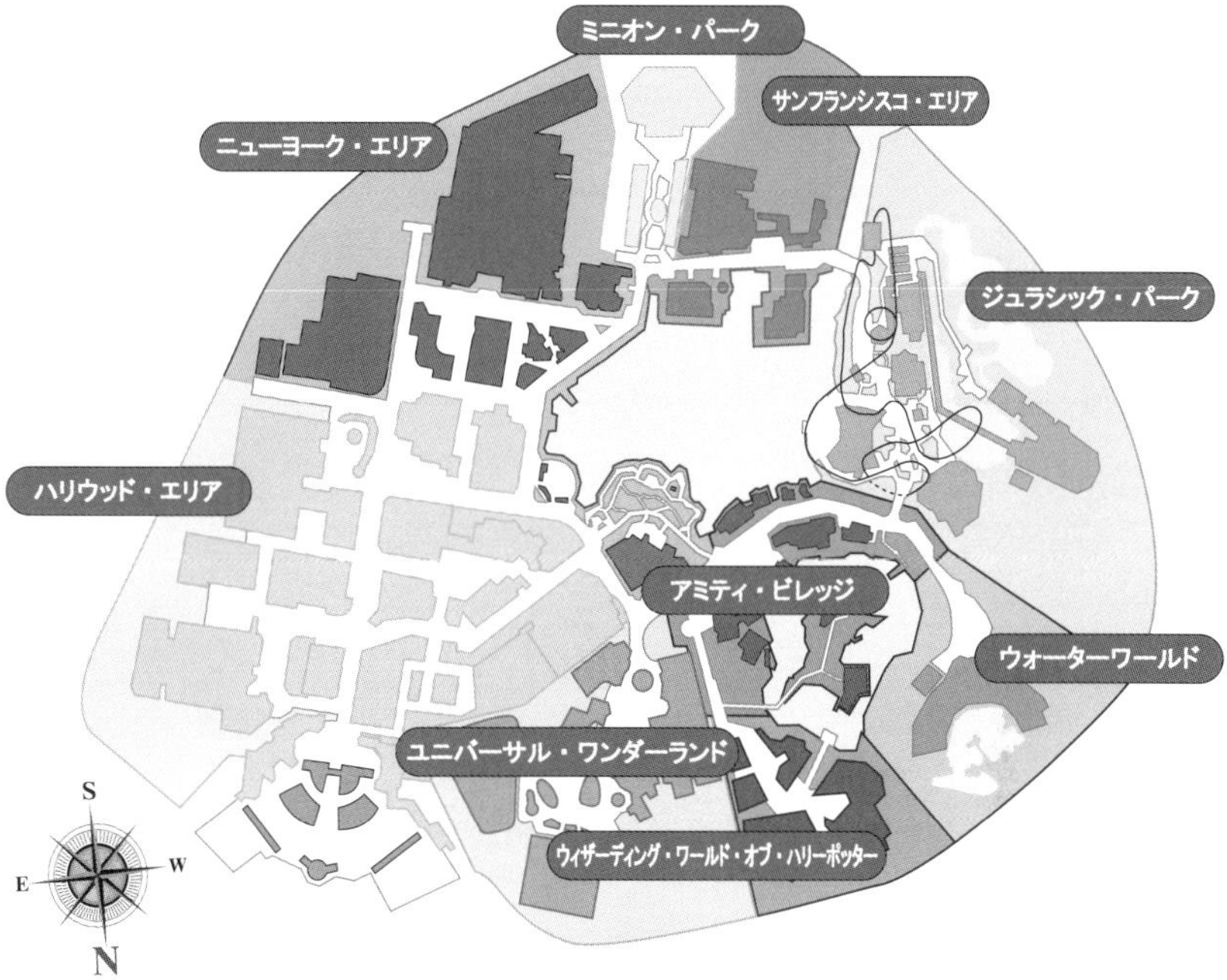

ラグーンを中心に8つのエリアに分かれています

Hollywood Area
ハリウッド・エリア
好莱塢 園区

エントランスから入場ゲートをくぐって、一番近いエリアが「ハリウッド・エリア」。ショップとアトラクションがここ狭しとばかりに集中しているユニバのメインストリートで、開園から閉園時間までいつも賑わっています。

最大の利点は雨をしのげる屋根「キャノピー」があるおかげで、天候不順の際の避難に使えるだけでなく、自然光を乱反射させることで空間全体を明るくして、映像を綺麗に撮影することができます。仮にもし雨でパレードが中止になっても「キャラクター・グリーティング」で思い出を残せば、せっかくの訪問も無駄になりません。

ハリウッドとは「映画の都」として有名なアメリカの街。テーマパークとしてのユニバーサル・スタジオも、ハリウッドからスタートしたことから、本物の映画スタジオを思わせる建物で統一されており、外壁には2ケタの番号が振られています。

アトラクションはその映画スタジオのセットという設定になっており、一部の建物は期間限定のイベントで使用されています。

このエリア最大の目玉は「ハリウッド・ドリーム・ザ・ライド」。全長1300メートルのコースはキャメルバック、ホースシュー、ダブルへリックスなど、凝った仕掛けが随所にあり、乗車した時から最後まで飽きさせません。

なかでも同じルートを逆向きに走る「バックドロップ」は、地上43メートルから最高速度89キロで後頭部からまっさかさまに急降下、突然やって来る急旋回など、予測不能のスリルに、絶叫マシン上級者も大興奮！

★ハリウッド・エリアMAP★

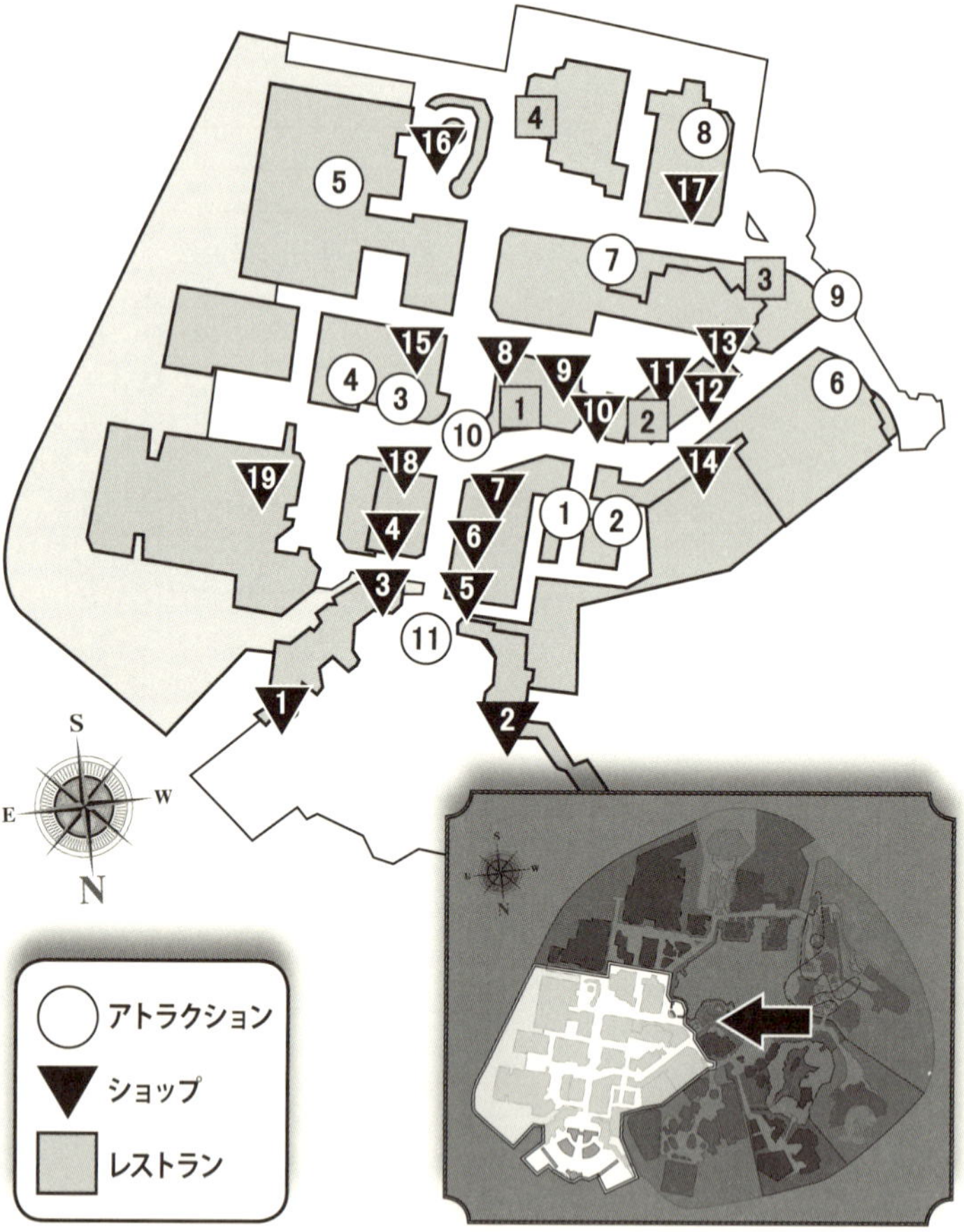

レストラン・RESTAURANT・餐厅

No.	レストラン	RESTAURANT	餐厅
1	ビバリーヒルズ・ブランジェリー	Beverly Hills Boulangerie™	比佛利山庄法式咖啡™
2	ピンクカフェ	Pink Café	粉红咖啡
3	メルズ・ドライブイン	Mel's Drive-In™	梅儿兹餐厅™
4	スタジオ・スターズ・レストラン	Studio Stars Restaurant™	工作室明星餐厅™

ショップ・SHOP・店

No.	ショップ	SHOP	店
1	スタジオギフト・イースト	Studio Gifts East	影城纪念品店东部
2	スタジオギフト・ウエスト	Studio Gifts West	影城纪念品店西部
3	バックロット・アクセサリー	Backlot Accessories	外景棚装饰品店
4	ユニバーサル・スタジオ・ストア	Universal Studios Store	环球影城百货商店
5	ビバリーヒルズ・ギフト	Beverly Hills Gifts	比佛利山庄纪念品店
6	ロデオドライブ・スーベニア	Rodeo Drive Souvenirs	罗帝欧大道礼品屋
7	カリフォルニア・コンフェクショナリー	California Confectionery	加州糖果饼干店
8	キャラクターズ・フォー・ユー	Characters 4 U	卡通人物 4U
9	ピーナッツ・コーナーストア	Peanuts Corner Store	花生专区商店
10	イッツ・ソー・フラッフィ！	It's Soooo Fluffy ！	正是弗拉菲!
11	スタジオスタイル	Studio Style	影城风格
12	ダークルーム	The Darkroom	摄影屋
13	ハローキティ・デザインスタジオ	Hello Kitty Design Studio	Hello Kitty 的设计工作室
14	ハリウッド・パーティ	Hollywood Party	好莱坞派对
15	シネマ 4-D ストア	Cinema 4-D Store	4-D 电影商品屋
16	スペース・ファンタジー・ステーション	Space Fantasy Station	夢幻太空車站
17	イルミネーション・シアター・ストア	Illumination Theater Store	照明剧场商店
18	バルーン	Balloons	气球
19	年間パス・センター	Annual Passport Center	年度护照中心

アトラクション&エンターテイメント・Attraction&Entertainment・游乐设施 & 表演

No.	アトラクション&エンターテイメント	Attraction&Entertainment	游乐设施 & 表演
1	ハリウッド・ドリーム・ザ・ライド	Hollywood Dream - The Ride	好莱坞美梦 – 乘车游 –
2	ハリウッド・ドリーム・ザ・ライド ～バックドロップ～	Hollywood Dream -The Ride- Backdrop-	好莱坞美梦 乘车游 – 逆转世界 –
3	シュレック 4-D アドベンチャー	Shrek's 4-D Adventure	史瑞克 4-D 历险记
4	セサミストリート 4-D ムービーマジック	Sesame Street 4-D Movie Magic™	芝麻街 4-D 电影魔术™
5	スペース・ファンタジー・ザ・ライド	Space Fantasy – The Ride	太空幻想列车
6	ユニバーサル・モンスター・ライブ・ロックンロール・ショー	Universal Monsters Live Rock And Roll Show	环球妖魔鬼怪摇滚乐表演秀
7	プレイング・ウィズおさるのジョージ	Playing with Curious George™	与好奇猴乔治一起玩™
8	シング・オン・ツアー	SING on Tour	欢乐好声音巡回演唱会
9	パワー・オブ・ポップ ～リミックス～	Power of Pop -Remix-	流行乐的力量～混音～
10	ユニバーサル・スペクタクル・ナイトパレード ～ベスト・オブ・ハリウッド～	UNIVERSAL SPECTACLE NIGHT PARADE -The Best of Hollywood-	环球影城奇观夜间游行 ～好莱坞之最～
11	ミニオン・スーパー・グリーティング	MINIONS SUPER GREETING	小黄人超级庆祝会

New York Area
ニューヨーク・エリア
纽约 园区

ハリウッド・エリアの隣りに位置するのが「ニューヨーク・エリア」。ハリウッドの映画村から一転。ミッドタウンからダウンタウンまで、1930年代のニューヨークの街並みを再現したノスタルジックな空間に、タイムトリップしたかのよう。

その境界線は足元を見るだけで一目瞭然で、ガタガタの路面や剥げたアスファルト、古ぼけた建物や泥はねやサビ、マンホールのデザインなど、街のアイテムは当時を彷彿《ほうふつ》させるための凝った演出にあふれています。

映画「ウエスト・サイド物語」や「ゴッドファーザー」の世界観、雰囲気にあふれた路地裏を散策していると、名作に登場するオブジェと出会えます。どの映画に関連するものなのかは、設置されているプレートで親切に説明されているので、のんびり散策することをおススメします。

例えば理髪店の建物は、ロバート・レッド・フォードが映画「スティング」の中で、身だしなみを整えた店を忠実に再現。往年の映画ファンはもちろん、まだ観ていない平成生まれのゲストも、後日、映画を観れば熱い感動がよみがえって来ます。

このエリアで人気なのが「アメージング・アドベンチャー・オブ・スパイダーマン・ザ・ライド」で、最新の映像技術4KHDを使用した超高細度の3D映像と、ライドの激しい動きにより、バーチャル・バトルを体験できます。

スパイダーマンと悪の組織に巻き込まれたゲストの運命はいかに?

衝撃のラストシーンがあなたを待っています!

★ ニューヨーク・エリアMAP ★

日本を含めた世界主要都市の時刻と
距離を一望できる場所があります。

アトラクション
ショップ
レストラン

アトラクション&エンターテイメント・Attraction&Entertainment・游乐设施 & 表演

No.	アトラクション&エンターテイメント	Attraction&Entertainment	游乐设施 & 表演
12	ターミネーター 2：3-D	Terminator 2:3-D®	魔鬼终结者 2：3-D®
13	アメージング・アドベンチャー・オブ・スパイダーマン・ザ・ライド 4K3D	The Amazing Adventures of Spider-Man - The Ride 4K3D	蜘蛛侠惊魂历险记 – 乘车游 4K3D
14	セサミストリート・ボリウッド	SESAME STREET™ Bollywood	芝麻街™宝莱坞
15	イースト・ミーツ・ウエスト・カルテット	East Meets West Quartet	东西合璧四重奏
16	ミニオン・ハチャメチャ・ワールド	Minions Hacha-Mecha World	小黄人调皮闹剧世界

ショップ・SHOP・店

No.	ショップ	SHOP	店
20	アメージング・スパイダーマン・ストア	THE AMAZING SPIDER-MAN STORE	蜘蛛侠纪念品店
21	アメージング・スパイダーマン・ザ・ライド・フォト	The Amazing Spider-Man The Ride Photo	蜘蛛侠列車照相館
22	アメージング・スパイダーマン・フォト・オポチュニティ	The Amazing Spider-Man Photo Opportunity	神奇蜘蛛侠的好机会照相屋
23	ユニバーサル・スタジオ・スーベニア	Universal Studios Souvenirs	环球影城纪念品店
24	フェスティバル・イン・ザ・パーク	Festival In The Park	园区内庆典活动

レストラン・RESTAURANT・餐厅

No.	レストラン	RESTAURANT	餐厅
5	フィネガンズ・バー&グリル	Finnegan's Bar & Grill™	芬尼根斯酒吧 & 烧烤™
6	ルイズ N.Y. ピザパーラー	Louie's N.Y. Pizza Parlor™ (1st floor)	路易斯纽约比萨饼铺™
7	SAIDO	SAIDO™	彩道™
8	パークサイド・グリル	Park Side Grille™	园畔烧烤™
9	アズーラ・ディ・カプリ	Azzurra di Capri	阿珠拉・提・卡普利

Minion Park

ミニオン・パーク

小黄人乐

２０１７年にオープンしたエリアが「ミニオン・パーク」。ユニバーサル・スタジオ・フロリダなど、世界３箇所だけに存在するミニオンに関する施設のなかで、ここユニバのエリアは世界最大の規模。世界中のミニオン・ファンがここを目指して「ワチャワチャ」と集まって来るのです。

ミニオンのボスであるグルーが暮らしている閑静でお洒落な街を、イタズラ好きなミニオンたちが好き勝手にアレンジしてしまったという設定。「ニューヨーク・エリア」と「サンフランシスコ・エリア」の間の空間にあり、エントランスからは一番遠い場所に位置しています。

ミニオン・パークは石畳の遊歩道をセンターに「ＥＡＳＴ ＳＩＤＥ」と「ＷＥＳＴ ＳＩＤＥ」のふたつに分かれています。

ＥＡＳＴは倉庫を改造したお菓子工場が立ち並んでおり、バズーカ・ゲーム「スペース・キラー」や、好物のバナナを飛ばしてシュートインさせる「バナナ・カバナ」が楽しめるほか、巨大化したミニオンたちと一緒に写真が撮れる「デリシャス・ミー！フォト・オポチュニティ」が大人気です。

　またWESTはミニオン関連のお菓子、おもちゃ、ファッションアイテムなどの専門店が集合。ミニオン自らがプロデュースしたという規格外のキャンディーやガムボールなど、奇想天外なオヤツに大人も思わず苦笑いしちゃいます。

　2つあるライド系アトラクションは、さらにハチャメチャ度満点です。

★ ミニオン・パークMAP ★

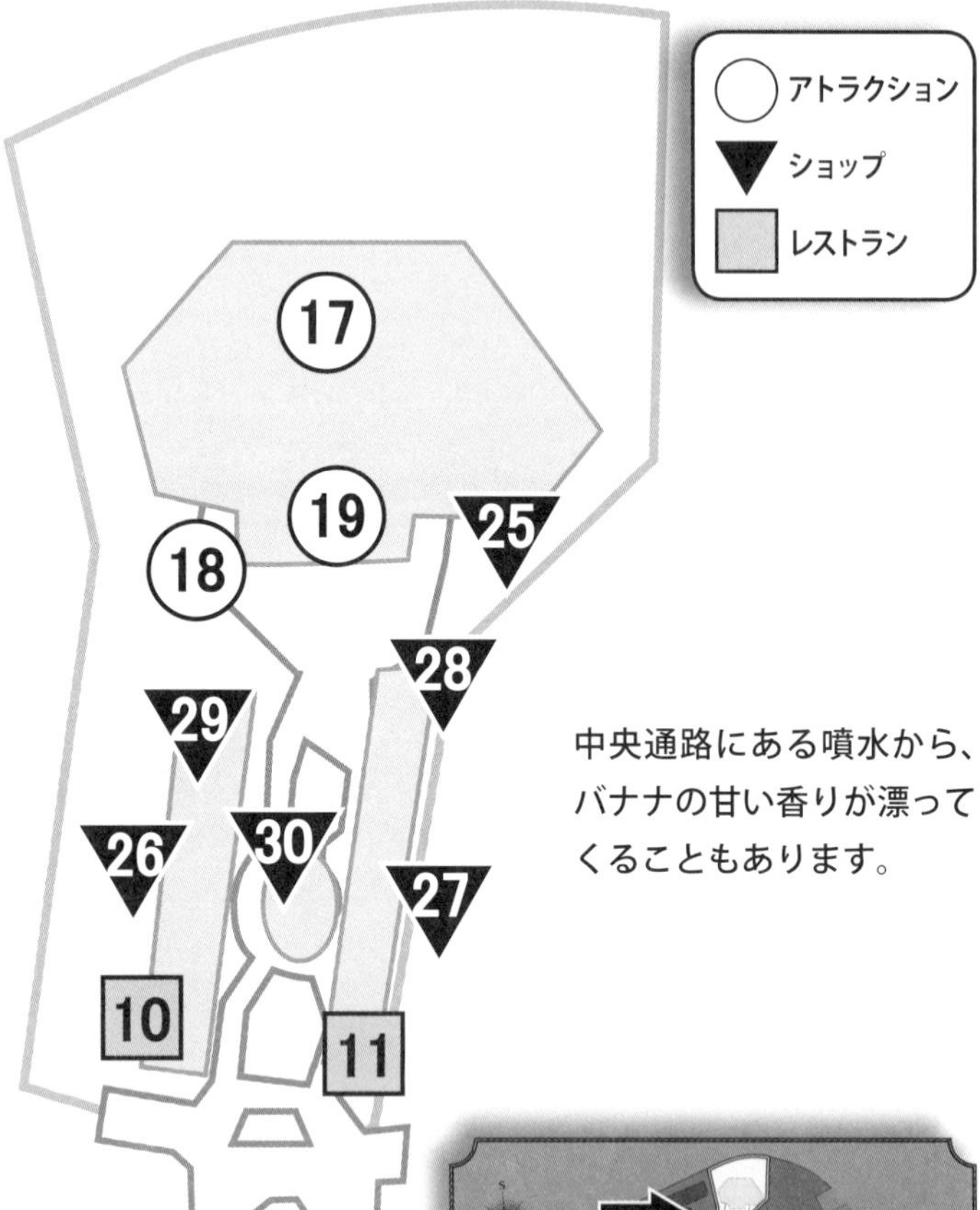

中央通路にある噴水から、バナナの甘い香りが漂ってくることもあります。

アトラクション&エンターテイメント・Attraction&Entertainment・游乐设施 & 表演

No.	アトラクション&エンターテイメント	Attraction&Entertainment	游乐设施 & 表演
17	ミニオン・ハチャメチャ・ライド	Despicable Me Minion Mayhem	小黄人 调皮闹剧乘车游
18	ミニオン・ハチャメチャ・アイス	Freeze Ray Sliders	冰冻激光乘车游
19	ミニオン・ハチャメチャ・グリーティング	Minions Hacha-Mecha Greeting	和小黄人们一起庆祝

ショップ・SHOP・店

No.	ショップ	SHOP	店
25	ファン・ストア	Fun Store	粉丝商店
26	バナナ・カバナ	Banana Cabana	香蕉凉台
27	スウィート・サレンダー	Sweet Surrender	甜蜜俘虏
28	ミニオン・ポップ・ショップ	Minions Pop Shop	小黄人欢乐商店
29	スペース・キラー	Space Killer	宇宙杀手
30	ミニオン・ラリー	Minion Rally	小黄人拉力游戏

レストラン・RESTAURANT・餐厅

No.	レストラン	RESTAURANT	餐厅
10	デリシャス・ミー！ザ・クッキー・キッチン	Delicious Me! The Cookie Kitchen	动手做美食！ 饼干厨房
11	ポパ・ナーナ	POP-A-NANA	波帕娜娜

San Francisco Area

サンフランシスコ・エリア

旧金山 园区

アメリカ西海岸のマリンリゾートを再現したのが「サンフランシスコ・エリア」で、広大なラグーンを前に、開放感は抜群。アトラクションに行列するのに疲れた時や、ドリンク片手に小休止するには最適な大人の場所です。特に「ワーフカフェ」の奥にはベンチだけでなくテーブル席もありますので、カートなどで購入したフードを楽しむのに便利です。

「ミニオン・パーク」の手前に位置する「バックドラフト」は、火災の恐怖を描いた映画を再現したアトラクション。最後に連れて行かれる化学薬品工場では、ハリウッドの特殊効果の凄さを体験できる過激なもので、最高1100度にも達する炎が巻き起こす強烈な熱風には、誰もが驚愕するでしょう。

開業当初は静かでロマンチックな港町を演出していましたが、ミニオンたちの登場により、このエリアは激変。倉庫を改造した建物を利用した「ハピネス・カフェ」では、カラフルでポップなミニオン・メニューがラインナップ。食べるのがもったいないミニオン・キャラクターがデザインされた可愛らしいワン・プレートにはすべてドリンクバーが付きます。

ちなみにパーク内で飲み放題のドリンクバーがあるのは、ここだけなので要チェック！

また「ジュラシックパーク・エリア」との境界線である橋の脇には、アトラクションの待ち時間やショーのスケジュールを案内する「スタジオ・インフォメーション」があるので、非常に便利です。

この橋は跳ね上げ橋となっており、天候やイベントによって通行止めになることが稀にあるので、注意して下さい。

★ サンフランシスコ・エリアMAP ★

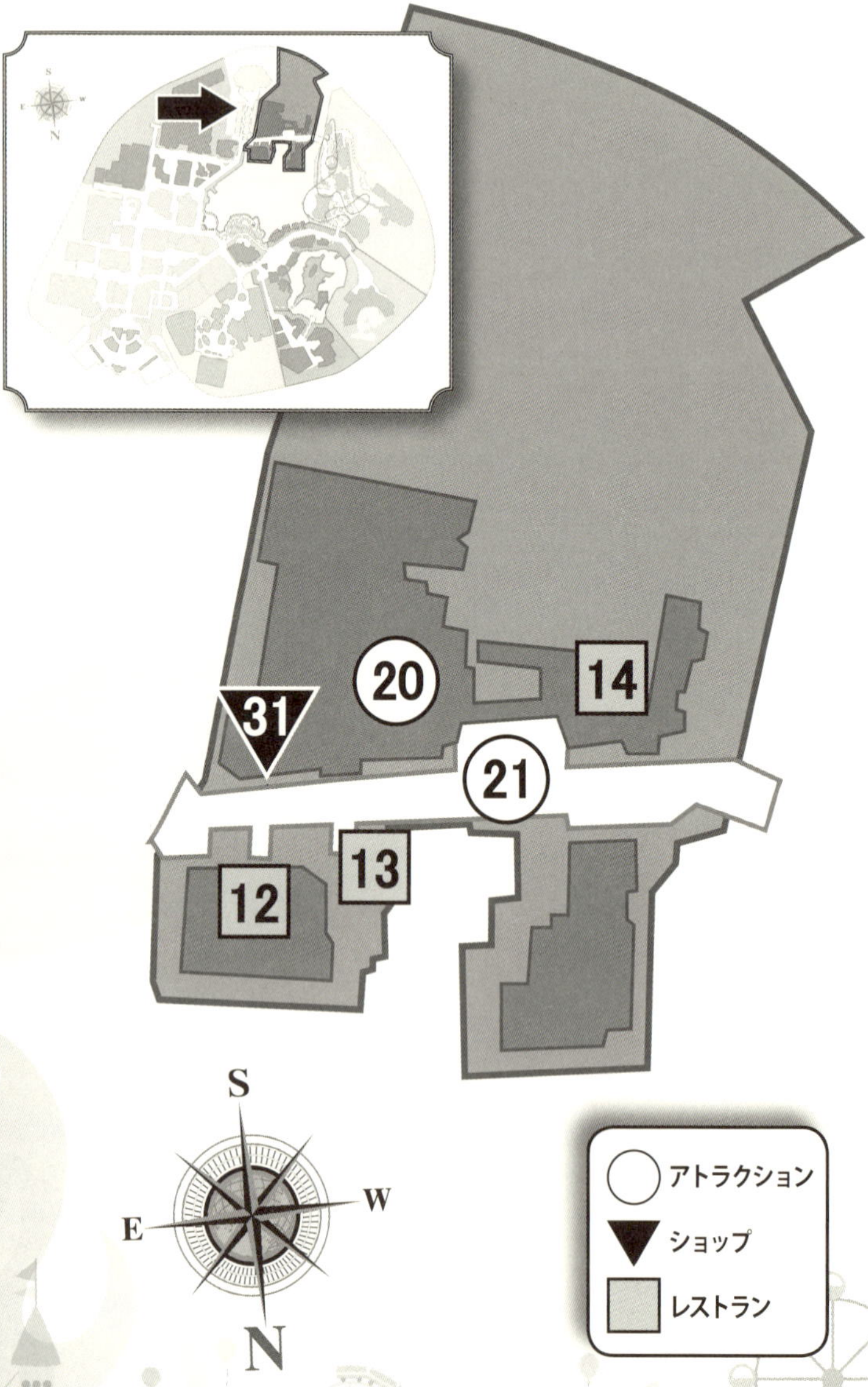

アトラクション&エンターテイメント・Attraction&Entertainment・游乐设施 & 表演

No.	アトラクション&エンターテイメント	Attraction&Entertainment	游乐设施 & 表演
20	バックドラフト	Backdraft™	浴火赤子情 ™
21	マレヴォ・デ・アルゼンチーナ	Malevo de Argentina	Malevo · 戴 · 阿根廷

ショップ・SHOP・店

No.	ショップ	SHOP	店
31	サンフランシスコ・キャンディーズ	San Francisco Candies	旧金山糖果店

レストラン・RESTAURANT・餐厅

No.	レストラン	RESTAURANT	餐厅
12	ハピネス・カフェ	HAPPINESS Café®	幸福餐厅 ®
13	ワーフカフェ	WHARF CAFÉ	码头咖啡
14	ザ・ドラゴンズ・パール	The Dragon's Pearl™	龙珠餐厅™

Jurassic Park™
ジュラシック・パーク
侏罗紀公園™

「サンフランシスコ・エリア」とは跳ね橋で、「アミティ・ビレッジ」とはゲートで仕切られたエリア。それが「ジュラシック・パーク」です。

恐竜が暮らしていたと言われるジュラ紀のジャングルを再現したもので、通路には不気味な足跡や巨大な爪の跡があちらこちらに点在。恐竜好きには堪らない、マニアックな工夫が凝らされています。

周りは鬱蒼《うっそう》とした深い木々に囲まれているため、他のエリアを見渡すことが出来ないため、非日常感は満点。ゲート左手にある「ディスカバリー・レストラン」は映画「ジュラシック・パーク」に出てくる「ビジターセンター」を再現したもので、実物大の恐竜の骨格標本を眺めながら、「ジュラシックDONBURI」や「ローストビーフDON」など、ここだけのユニークなメニューを味わえます。

開業時より人気の行列必至のアトラクションである「ジュラシックパーク・ザ・ライド」は高低差26メートルから水面にダイブするため、びしょ濡れ必至のボート・ツアー。

濡れたくない方は400円で販売しているポンチョを着ておきましょう。

2016年の春にオープンした「ザ・フライング・ダイナソー」は、ユニバのなかで最も待ち時間が長い人気アトラクションですので、あらかじめトイレは済ませておきましょう。

エントランスからはもっとも奥まった秘境に位置しているので、急ぐ場合はハリウッド・エリアを右手に進み、アミティ・ビレッジを抜ける方が近道です。

★ ジュラシックパークMAP ★

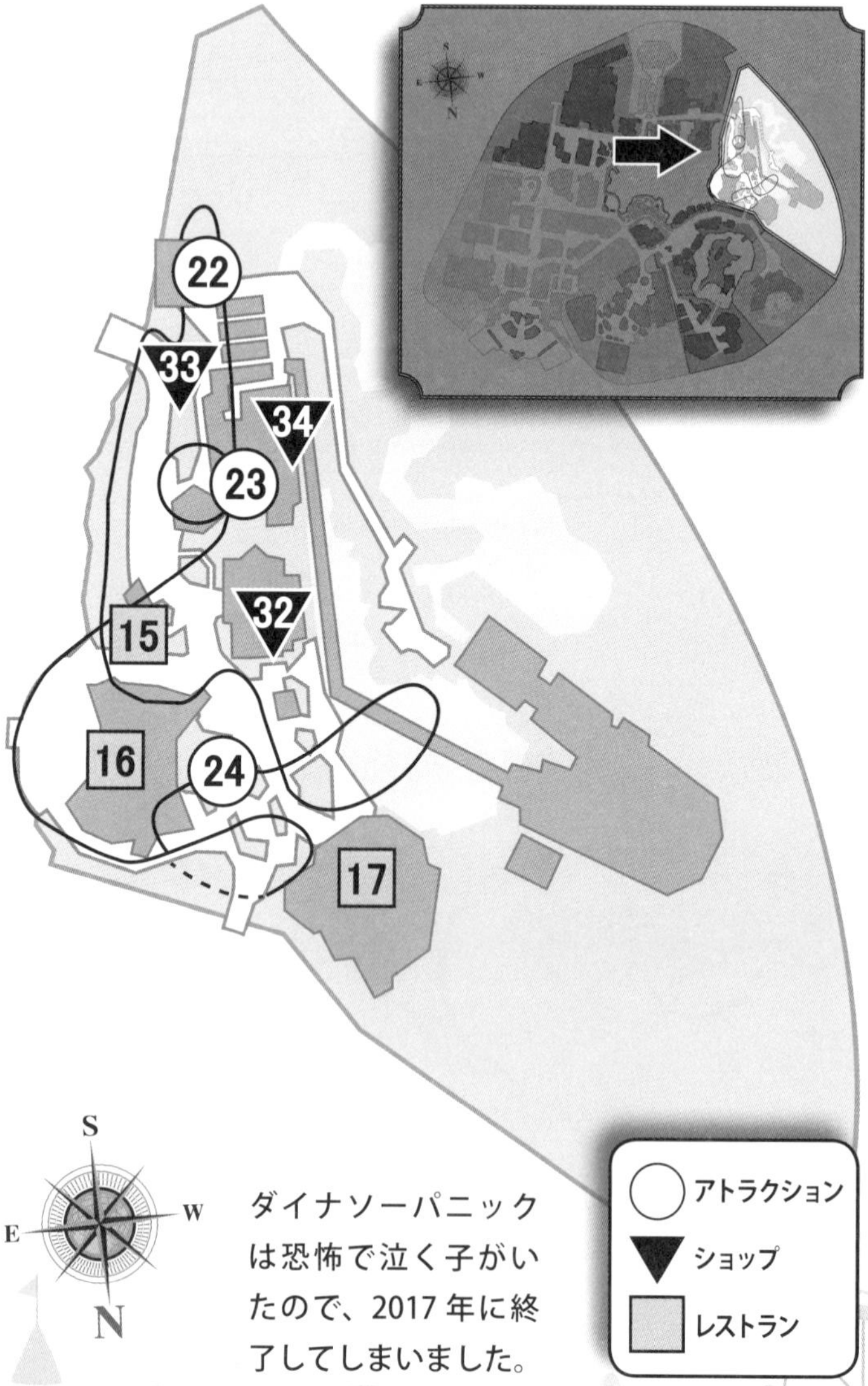

ダイナソーパニックは恐怖で泣く子がいたので、2017年に終了してしまいました。

アトラクション&エンターテイメント・Attraction&Entertainment・游乐设施 & 表演

No.	アトラクション&エンターテイメント	Attraction&Entertainment	游乐设施 & 表演
22	ザ・フライング・ダイナソー	The Flying Dinosaur	飞天翼龙
23	ジュラシック・パーク・ザ・ライド	Jurassic Park – The Ride™	侏罗纪公园·乘船游™
24	マイ・フレンド・ダイナソー	My Friend Dinosaur	我的朋友恐龙

ショップ・SHOP・店

No.	ショップ	SHOP	店
32	ジュラシック・アウトフィッターズ	Jurassic Outfitters	侏罗纪公园纪念品店
33	フライング・ダイナソー・フォト	The Flying Dinosaur Photo	飞天翼龙照相
34	ジュラシック・パーク・ザ・ライド・フォト	Jurassic Park -The Ride Photo	侏罗纪公园列车照相馆

レストラン・RESTAURANT・餐厅

No.	レストラン	RESTAURANT	餐厅
15	フォッシル・フュエルズ	Fossil Fuels	化石燃料
16	ロストワールド・レストラン	Lost World Restaurant	失落的世界餐厅
17	ワンピース海賊食堂（ディスカバリー・レストラン）	One Piece Pirate Dining Hall	海贼王海盗餐厅

Water World™

ウォーターワールド

水世界™

ショー開催時だけ開かれる水しぶきと炎が激しいエリア

このエリアは、陸地がすべて水没してしまった地球を舞台にした映画「ウォーターワールド」の世界観が、見事に再現されています。赤茶けたサビが浮いているオブジェには、クオリティの高いエイジング加工技術が施されているので、開演までの待機時間やショー終了後などにチェックしてみてください。ただし、ショーのない時間帯はエリア内に入ることができません。

このエリアにはレストランこそないものの、コカ・コーラ社協賛の影響もあり、ドリンクの自動販売機がズラリと並んでいるのが特徴的といえます。

ところでショーの最中は冬の寒い時期でも、最前列席には容赦なく水しぶきが襲うため、それを避けるためにはポンチョ着用か、後方席での鑑賞がおススメ。夏にはアニメ「ワンピース」のプレミアムショーも、こちらで鑑賞できます。

★ ウォーターワールド MAP ★

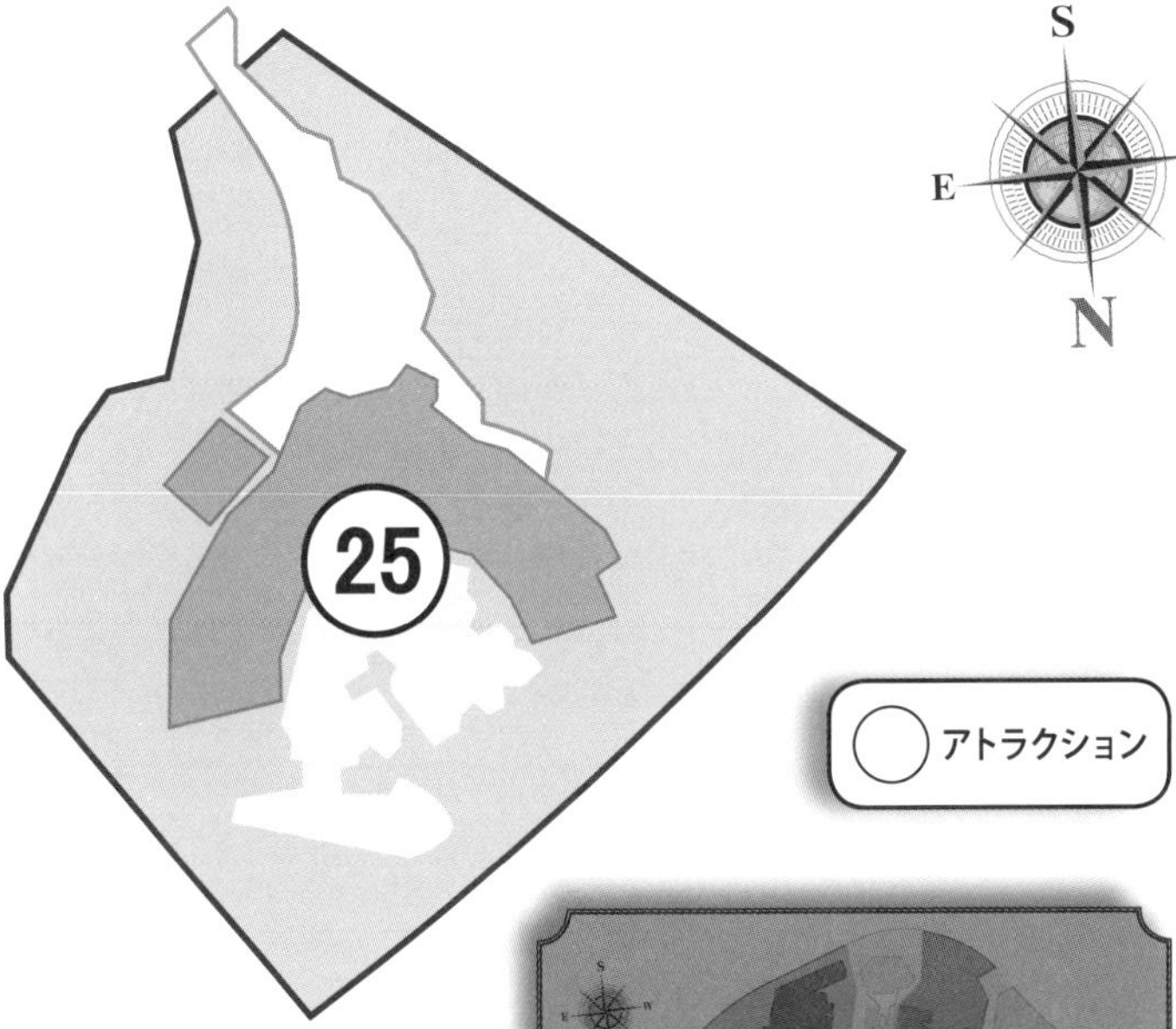

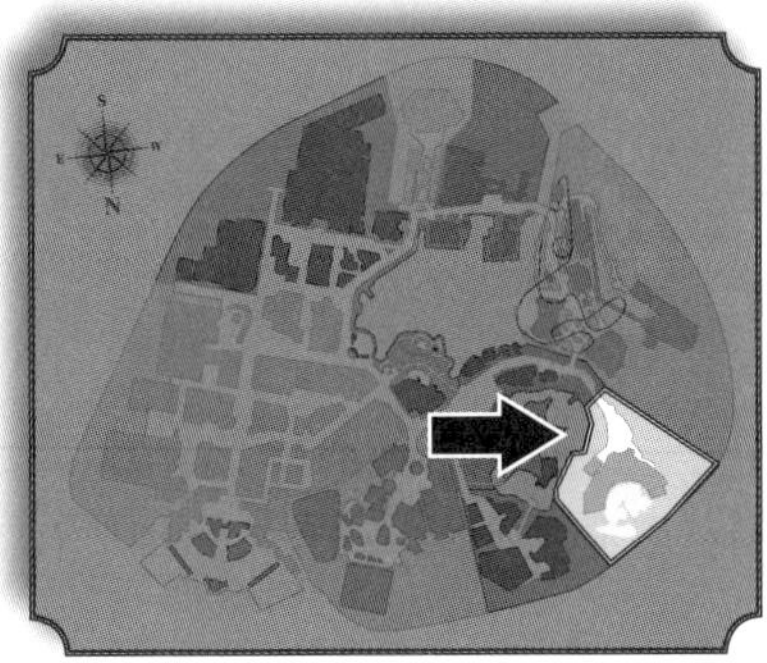

ショーの舞台となっているのは、人工浮遊都市「アトール」です。

アトラクション&エンターテイメント・Attraction&Entertainment・游乐设施 & 表演

No.	アトラクション&エンターテイメント	Attraction s &Entertainment	游乐设施 & 表演
25	ウォーターワールド	WaterWorld™	水世界™

アミティ・ビレッジ
Amity Village

小鎮亲善村

「サンフランシスコ・エリア」のラグーンの対面に位置する水場が「アミティ・ビレッジ」で、「アミティ」とは映画「ジョーズ」の舞台となった静かな漁村の名前。のどかな雰囲気で、巨大サメに襲われた悲しい過去は微塵も感じさせません。

アトラクションのランド・マークになっているのが、全長8・5メートルもあるハンキングシャーク。この人食いザメの大きな口に頭を突っ込んで、大胆に記念撮影をするゲストでいつも賑わっています。

ボートは1列6人掛けの席が8列、定員48名。「ジョーズ」のツアーに出発すると、突如アクシデントが発生。どこから現れるか分からないハラハラ・ドキドキなアトラクションは、開業以来から人気が衰えません。その人気の秘密は、船長役を演じるクルーの話術にかかっているかもしれません。

併設されている「ハリウッド・ムービーメーキャップ」では、メーキャップキットを購入すると、オリジナルのフェイス・ペイントを描いてもらえるサービスがあります。ミニオンなど可愛らしいキャラクターもオッケーですので、気軽に目立ちたいと言う方にはおススメします。

なお、このエリアの通路は「ウィザーディング・ワールド・オブ・ハリー・ポッター」の入場整理券発券所のあるセントラルパークへの出入口や「ハリウッド・エリア」と「ウォーターワールド・エリア」を経由するルートになっているため、特にウォーターワールドのショーが終わった直後は、各エリアへ移動する人たちで大混雑が予想されます。注意しましょう。

★ アミティ・ビレッジMAP ★

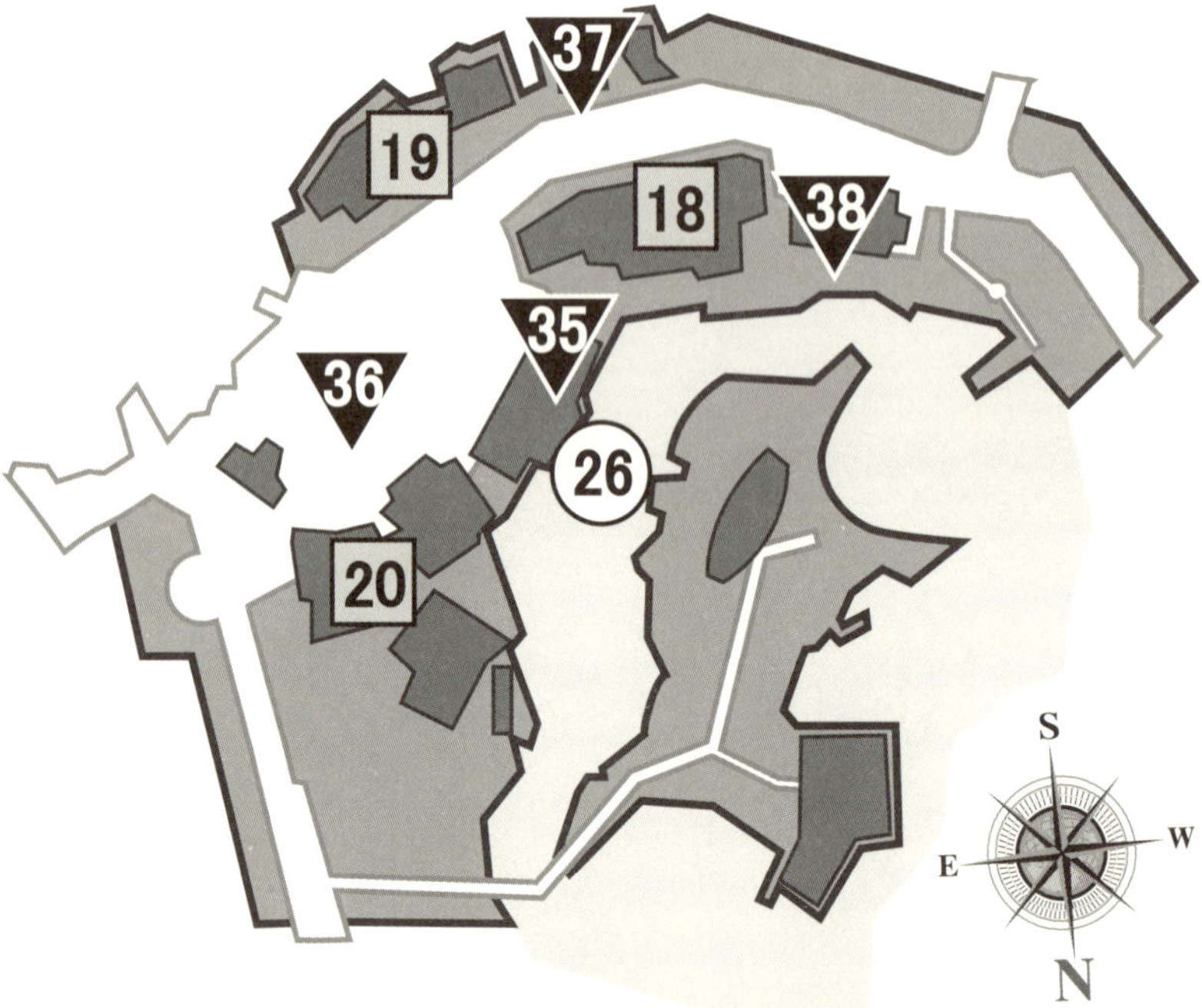

ジョーズの出口から右手に進むと、ウォーター
ワールドへの抜け道があります。

○ アトラクション
▼ ショップ
□ レストラン

アトラクション&エンターテイメント・Attraction&Entertainment・游乐设施 & 表演

No.	アトラクション&エンターテイメント	Attraction s &Entertainment	游乐设施 & 表演
26	ジョーズ	JAWS	大白鲨

ショップ・SHOP・店

No.	ショップ	SHOP	店
35	アミティ・アイランド・ギフト	Amity Island Gifts	亲善岛礼品屋
36	ジョーズ・フォト	Jaws Photo	大白鲨照相馆
37	アミティ・ボードウォーク・ゲーム	Amity Boardwalk Game	亲善村漫步道游戏
38	ハリウッド・ムービー・メーキャップ	Hollywood Movie Makeup	好莱坞电影化妆

レストラン・RESTAURANT・餐厅

No.	レストラン	RESTAURANT	餐厅
18	アミティ・ランディング・レストラン	Amity Landing Restaurant™	亲善村餐厅™
19	ボードウォーク・スナック	Boardwalk Snacks	浮桥快餐店
20	アミティ・アイスクリーム	Amity Ice Cream™	亲善村冰淇淋™

The Wizarding World of Harry Potter™

ウィザーディング・ワールド・オブ・ハリー・ポッター

哈利波特的魔法世界™

「アミティ・ビレッジ」から森のなかを抜けて行くと、「ハリー・ポッター」お馴染みの悲しげなBGMが遠くから聴こえてきて、期待感がいやおうなしに高まります。エントランス・アーチを一歩、足を踏み入れれば、まさに映画「ハリー・ポッター」の世界観そのもの、魔法が飛び交うアナザー・ワールドが現れます。

「ウィザーディング・ワールド・オブ・ハリー・ポッター」は大きく分けると、魔法洋品店などのマーケット・プレイスを中心とした「ホグズミード村」と、大人気のアトラクション「ハリー・ポッター・アンド・ザ・フォービドゥン・ジャーニー」が入る「ホグワーツ城」で構成されています。両者は緩いスロープで結ばれており、その中間部の広場では、ストリート・エンターテイメントが上演中です。

その先を右折できる入り口から細い小道を進むと、大鷲の頭と馬の胴体を持つ魔法生物のコースター「フライト・オブ・ザ・ヒッポグリフ」のアトラクション。ホグワーツ城にぐっと接近しつつ、かぼちゃ畑を旋回して、ホグズミード村を一望。風を感じれば、気分はまさに魔法使いです。

もっとスピードを感じたい、という方は岩山にそびえたつ古城のなかへ。教室や長い廊下の先に現れる「ハリー・ポッター・アンド・ザ・フォービドゥン・ジャーニー」はライド型の大興奮アトラクション。

2015年の3D化から改良を重ねて、従来の4K高画質を更に強化、3D眼鏡なしで3D以上のリアルな映像を実現しました。

★ ウィザーディング・ワールド・オブ・ハリー・ポッター MAP ★

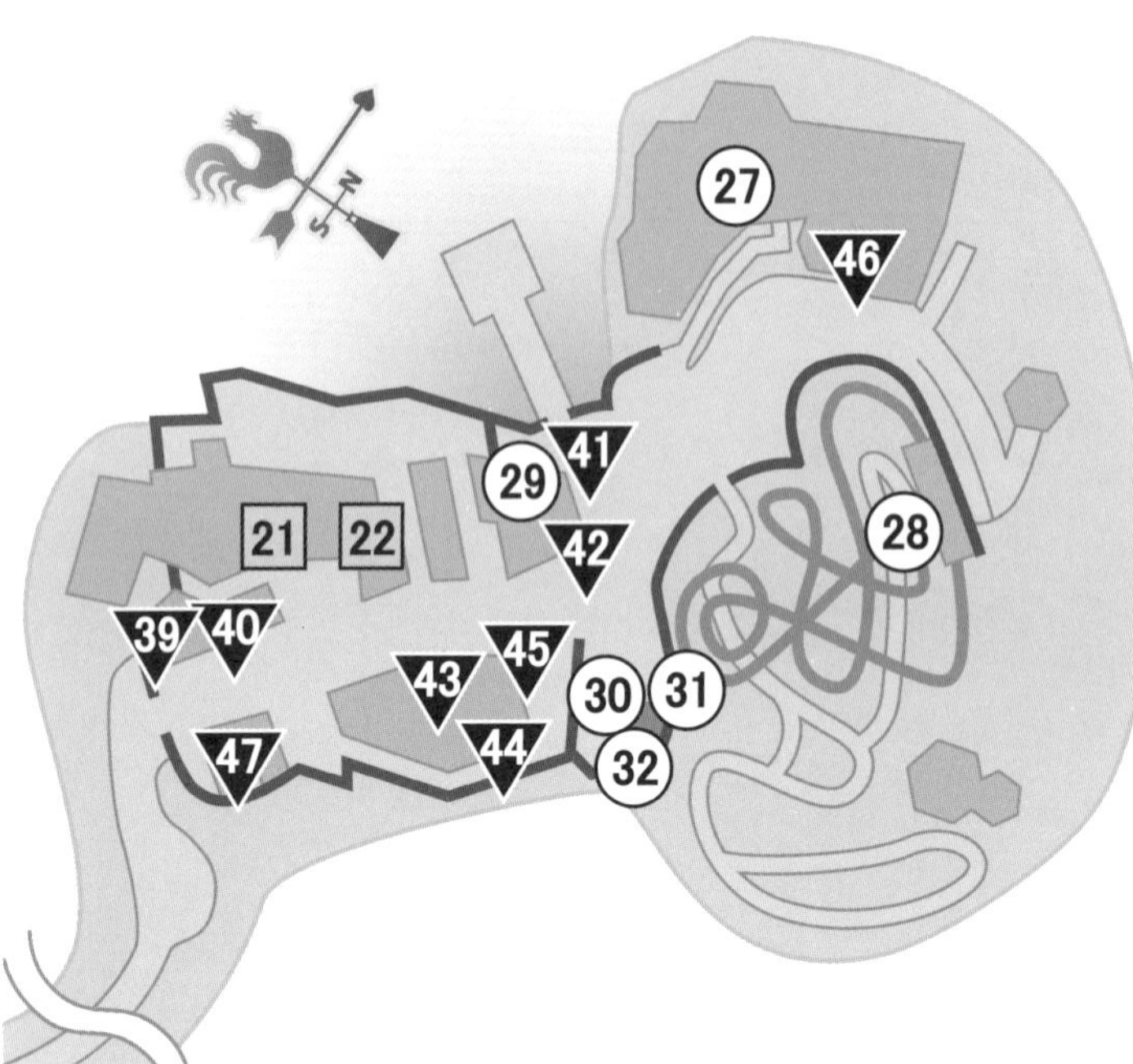

ホグズミード村の時計台には、フクロウのカラクリが時報とともに登場します。

アトラクション&エンターテイメント・Attraction&Entertainment・游乐设施 & 表演

No.	アトラクション&エンターテイメント	Attraction s &Entertainment	游乐设施 & 表演
27	ハリー・ポッター・アンド・ザ・フォービドゥン・ジャーニー	Harry Potter and the Forbidden Journey™	哈利波特禁忌之旅™
28	フライト・オブ・ザ・ヒッポグリフ	Flight of the Hippogriff™	鹰马的飞行™
29	ワンド・マジック	Wand Magic	魔杖魔法
30	ワンド・スタディ	Wand Studies	魔杖课程
31	フロッグ・クワイア	Frog Choir	青蛙圣歌队
32	トライウィザード・スピリット・ラリー	Triwizard Spirit Rally	哈利波特™三强赛

ショップ・SHOP・店

No.	ショップ	SHOP	店
39	ゾンコの「いたずら専門店」	Zonko's Joke Shop	桑科™的恶作剧商店
40	ハニーデュークス	Honeydukes™	蜂蜜公爵™
41	オリバンダーの店	Ollivanders™	奥利凡德魔杖店™
42	ワイズエーカー魔法用品店	Wiseacre's Wizarding Equipment	聪明农场魔术品店
43	ふくろう便&ふくろう小屋	Owl Post™ & Owlery	猫头鹰邮局™ & 猫头鹰小屋
44	ダービシュ・アンド・バングズ	Dervish and Banges™	德维与班吉巫师用品商店™
45	グラドラグス魔法ファッション店	Gladrags Wizardwear	风雅牌巫师服装店
46	フィルチの没収品店	Filch's Emporium™ of Confiscated Goods	费尔奇没收来物品的商店™
47	ホグワーツ特急のフォト・オポチュニティ	Hogwarts™ Express Photo	霍格沃茨™特快列车照相馆

レストラン・RESTAURANT・餐厅

No.	レストラン	RESTAURANT	餐厅
21	三本の箒（ほうき）	Three Broomsticks™	三根扫帚酒吧™
22	ホッグズ・ヘッド・パブ	Hog's Head	猪头酒吧

Universal Wonderland

ユニバーサル・ワンダーランド

环球奇境

正面のエントランスを入って、すぐ右手。「ハリウッド・エリア」と「ウィザーディング・ワールド・オブ・ハリー・ポッター」の間に位置するのが「ユニバーサル・ワンダーランド」。お子さんと、パパ、ママが一体となって、ファミリーみんなで楽しめるエリアです。

元々は大人向けのライドを中心とした「ランド・オブ・オズ」のエリアを、大幅に大改造。転んでもケガをしにくい床材に張り替え、授乳室や調乳用のお湯が配給できるファミリールームを新設して、２０１２年にリニューアル・オープン。他のエリアより低めの身長制限、お子さん一人で乗れるアトラクションを用意しました。傍で見守りながら、確実に我が子の大切な成長記録を撮影できます。屋内施設が充実していますので、日差しが強く暑い日も悪天候な日も子どもたちが安心して楽しめるエリアになっています。

また休憩用のベンチも増設、おむつの自動販売機やおむつ専用のごみ箱を用意しているほか、最大の特徴は「よやくのり」を無料で利用できること。お子さんだけでなく、大人も優先的にアトラクションが利用できる整理券があるのは、ここだけです。

ただし「エルモのリトル・ドライブ」など、大人が利用できない限定ライドもあります。

エリアの構造は「ユニバーサル・ワンダーランド」入り口から、右手が「ハローキティ・ファッション・アベニュー」、左手が「スヌーピー・スタジオ」。広場を挟んだ一番奥が「セサミストリート・ファン・ワールド」。

ふだんはテレビでしか会えない大好きなキャラクターと直接、会えたり遊んだりできるのが嬉しいです。

★ ユニバーサル・ワンダーランドMAP ★

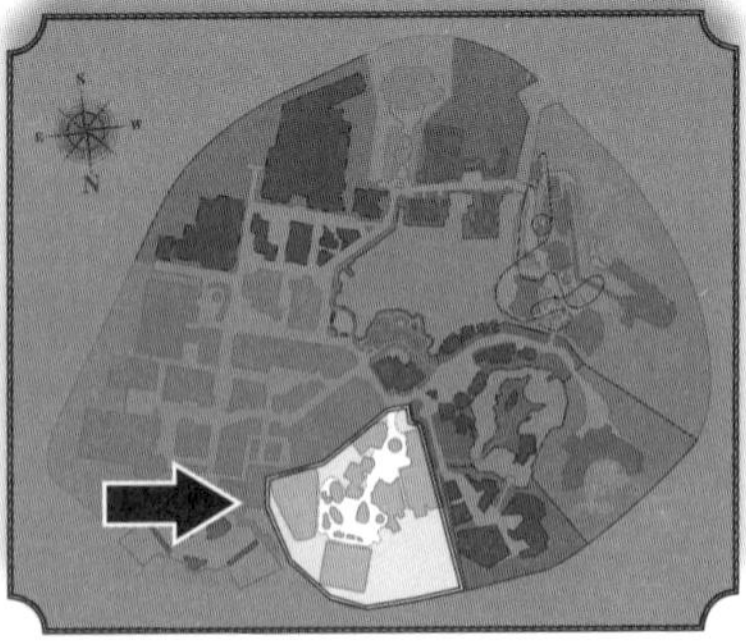

レストラン・RESTAURANT・餐厅

No.	レストラン	RESTAURANT	餐厅
23	スヌーピー・バックロット・カフェ	Snoopy's™ Backlot Café	史努比™影城咖啡厅
24	ハローキティのコーナーカフェ	Hello Kitty's Corner Café	Hello Kitty 的街角咖啡店

アトラクション&エンターテイメント・Attraction&Entertainment・游乐设施 & 表演

	No.	アトラクション&エンターテイメント	Attraction s &Entertainment	游乐设施 & 表演
♣	33	フライング・スヌーピー	The Flying Snoopy	飞天史努比
♣	34	スヌーピーのグレート・レース	Snoopy's Great Race™	史努比云霄飞车大竞赛™
♣	35	スヌーピー・サウンド・ステージ・アドベンチャー	Snoopy Sound Stage Adventure™	史努比音效舞台历险记™
♡	36	ハローキティのカップケーキ・ドリーム	Hello Kitty's Cupcake Dream	Hello Kitty 梦幻蛋糕杯
♡	37	ハローキティのリボン・コレクション	Hello Kitty's Ribbon Collection	Hello Kitty 的丝带大收藏
★	38	エルモのゴーゴー・スケートボード	Elmo's Go-Go Skateboard	艾蒙的 Go-Go 滑板
★	39	モッピーのバルーン・トリップ	Moppy's Balloon Trip	莫比的气球之旅
★	40	セサミのビッグ・ドライブ	Sesame's Big Drive	芝麻街大兜风
★	41	アビーのマジカル・ツリー	Abby's Magical Tree	艾比的魔法树
★	42	ウォーター・ガーデン	Water Garden	亲水乐园
★	43	クッキーモンスター・スライド	Cookie Monster Slide	饼干怪兽的滑梯
★	44	アーニーのラバーダッキー・レース	Ernie's Rubber Duckie Race	厄尼的橡皮鸭大赛
★	45	ビッグバードのビッグトップ・サーカス	Big Bird's Big Top Circus	大鸟的大帐篷马戏团
★	46	エルモのリトル・ドライブ	Elmo's Little Drive	艾蒙小兜风
★	47	エルモのバブル・バブル	Elmo's Bubble Bubble	艾蒙的泡泡遨游
★	48	バートとアーニーのワンダー・ザ・シー	Bert and Ernie's Wonder - The Sea	伯特和厄尼的奇幻大海
★	49	グローバーのコントラクション・カンパニー	Grover's Construction Company	葛罗弗的建筑公司
★	50	ビッグバードのビッグ・ネスト	Big Bird's Big Nest	大鸟的大鸟巢
★	51	モッピーのラッキー・ダンス・パーティ	Moppy's Lucky Dance Party	莫比的幸运舞会
★	52	アビーのマジカル・パーティ	Abby's Magical Party	艾比的魔法派对
★	53	ワンダーランド・シーズンズ・ジョイ	Wonderland Season's Joy	环球奇境四季之趣

♣ = スヌーピー・スタジオ　♡ = ハローキティ・ファッション・アベニュー
★ = セサミストリート・ファン・ワールド

ショップ・SHOP・店

No.	ショップ	SHOP	店
48	スヌーピー・スタジオ・ストア	Snoopy Studios Store	史努比摄影棚商品屋
49	セサミストリート・キッズ・ストア	Sesame Street™ Kids Store	芝麻街™儿童商店
50	ハローキティのリボン・ブティック	Hello Kitty's Ribbon Boutique	Hello Kitty 的丝带时尚精品店
51	ハローキティのフォト・ショップ	Hello Kitty's Photo Shop	Hello Kitty 的照相屋
52	バート&アーニーのプロップショップ・ゲーム・プレイス	Bert & Ernie Prop Shop Game Place	伯特和厄尼的精品店・游戏房

コラム1
意外に知られていない、スポンサーラウンジのお話

スポンサーラウンジが存在するアトラクションは大和ハウスのハリウッド・ドリーム・ザ・ライド、エディオンのセサミストリート 4－D ムービーマジック、ＮＴＴドコモのスペース・ファンタジー・ザ・ライド、ＮＥＣのターミネーター2：3－D、ＪＡＬのミニオン・ハチャメチャ・ライド、ＪＴＢのバックドラフト、ＪＣＢのザ・フライング・ダイナソー、アート引越センターのジュラシック・パーク・ザ・ライド、ニッセイのスヌーピーのグレートレースと全部で9つあります。スポンサー規定により利用条件は異なりますが、ここではザ・フライング・ダイナソーのＪＣＢラウンジを紹介します。利用するにはＪＣＢプラチナ以上のステータスカードを持っている必要があります。ＪＣＢのプラチナカードは審査が通って年会費を25，000円支払えれば、誰でも利用できます。そんなステータスのカードなんて持てないよ……という方も最大4人までは同伴可能なので、周囲にいるカード保持者に連れて行って貰いましょう！　実際に利用できるのは、1年に1回、事前にＪＣＢラウンジ招待券を申請して郵送してもらう必要があります。利用日1か月前から前日までの間にＪＣＢへ電話して利用日時を予約します。当日は招待券とＪＣＢカードを忘れずに持参しましょう。ＪＣＢラウンジの魅力はなんといってもザ・フライング・ダイナソー優先搭乗。エレベーターで上がった先ですぐに乗れる早さは、Ｅパス以上の効力。最前列へ案内されるＶＩＰ待遇、体験して欲しいです。

Universal Studios Japan　Chapter 2

テーマパークのメイン部分

アトラクション＆ショーの楽しみ方

★ハリウッド・エリアMAP★

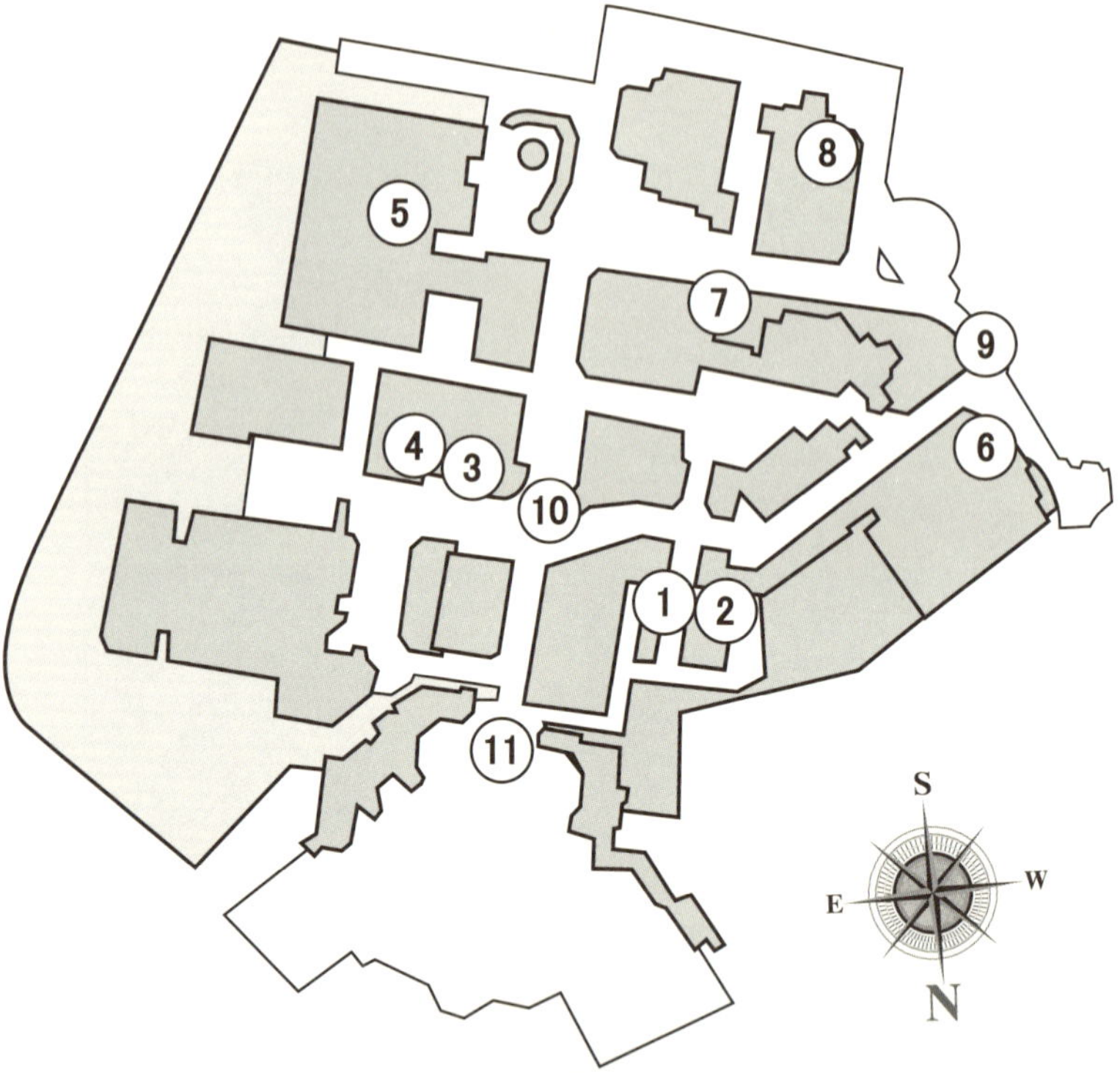

アトラクション

クルーなどへのファンレターは、エントランス付近ゲストサービスに託せます。

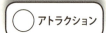

アトラクション&ショーの楽しみ方

アトラクション&エンターテイメント・Attraction&Entertainment・游乐设施 & 表演

No.	アトラクション&エンターテイメント	Attraction s &Entertainment	游乐设施 & 表演
1	ハリウッド・ドリーム・ザ・ライド	Hollywood Dream - The Ride	好莱坞美梦 – 乘车游
2	ハリウッド・ドリーム・ザ・ライド ～バックドロップ～	Hollywood Dream -The Rid - Backdrop-	好莱坞美梦 乘车 – 逆转世界 –
3	シュレック 4-D アドベンチャー	Shrek's 4-D Adventure	史瑞克 4–D 历险记
4	セサミストリート 4-D ムービーマジック	Sesame Street 4-D Movie Magic™	芝麻街 4–D 电影魔术™
5	スペース・ファンタジー・ザ・ライド	Space Fantasy – The Ride	太空幻想列车
6	ユニバーサル・モンスター・ライブ・ ロックンロール・ショー	Universal Monsters Live Rock And Roll Show	环球妖魔鬼怪摇滚乐表 演秀
7	プレイング・ウィズおさるのジョージ	Playing with Curious George™	与好奇猴乔治一起玩™
8	シング・オン・ツアー	SING on Tour	欢乐好声音巡回演唱会
9	パワー・オブ・ポップ ～リミックス～	Power of Pop -Remix-	流行乐的力量~混音~
10	ユニバーサル・スペクタクル・ナイトパレード ～ベスト・オブ・ハリウッド～	UNIVERSAL SPECTACLE NIGHT PARADE -The Best of Hollywood-	环球影城奇观夜间游行 ~好莱坞之最~
11	ミニオン・スーパー・グリーティング	Minions Super Greeting	小黄人超级庆祝会

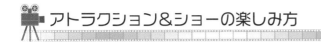

Hollywood Dream-The Ride

好莱坞美梦 乘车游

TYPE ライド

① ハリウッド・ドリーム・ザ・ライド

混雑度 ★★★★★

音楽を聴きながら急転直下浮遊感満載の絶叫コースター
ユニバ内では3本の指に入るほど大混雑予想の人気アトラクション

４席９列からなる屋外コースター。シートにはスピーカー搭載。ドリカムやマイケル・ジャクソンなどの音楽を、ボタンで選択することができます。外から見ている分には、あまり怖くないような印象を受けそうですが、実際には足が浮いて踏ん張れないように設計されているので、落下のときに感じる無重力感は、恐怖度ＭＡＸといっても過言ではありません。

急転直下のみならず、ひねりもあるので、絶叫マシン好きにはたまらないアトラクションです。とはいえ乗車制限が厳しく、妊娠中や内臓疾患があると利用できないのは残念です。

なお手荷物は乗車直前にロッカーへ預けなければなりません。ハイヒールやサンダルなどの脱げやすい靴を履いている方には、シューズバンドの貸し出しもあるので、是非、活用してみてくださいね。

Hollywood Dream-The Ride -Backdrop-
好莱坞美梦 乘车游 – 逆转世界 –

TYPE ライド

② ハリウッド・ドリーム・ザ・ライド ～バックドロップ～

混雑度 ★★★★★

意表をついた後ろ向きのコースター！ 登場時から不動の人気

稼働しているコースター4台のうち1台が、従来のコースターとは真逆の動き、すなわち後ろ向きで走行する「バックドロップ」です。ありそうでなさそうだった後ろ向きに走るコースターは2013年3月15日に登場以来、シングルライダーでも、1時間以上スタンバイすることが当たり前というほど不動の人気を誇ります。そのため長時間に渡り並びたくない場合は、早い時期からEパスを購入しておきたいところですが、雨や強風などの悪天候の場合だと運休もあることを、覚えておきましょう。

Sesame Street 4-D Movie Magic™

芝麻街 4-D 电影魔术™

TYPE ショー

③ セサミストリート 4-Dムービーマジック

混雑度 ★★☆☆☆

エルモやクッキーモンスターなどセサミストリートの人気者が大集結 五感を刺激する4Dの世界観を思う存分に楽しもう

ユニバがオープンした当初は、こちらのシアターにおいて「映画の素晴らしさを知り、USJの世界へ飛び込もう」というコンセプトの作品「ユニバーサル・スタジオ・モーション・ピクチャーマジック」が上映されていました。しかし、そこから「想像する力の素晴らしさ」というコンセプトの作品へバトンタッチ。2003年4月26日より、現在のセサミストリート作品は公開されたのです。4Dの技術は立体映像のみならず、足元でイタズラされたり、シャボン玉が飛んできたりなど、ありとあらゆる仕掛けによって、ゲストの五感を刺激します。

エルモが語り掛けてくれる「イマジネーション」というキーワードを念頭において、セサミストリートのキャラクターたちが描く物語を楽しんでみてくださいね。

シアター説明図

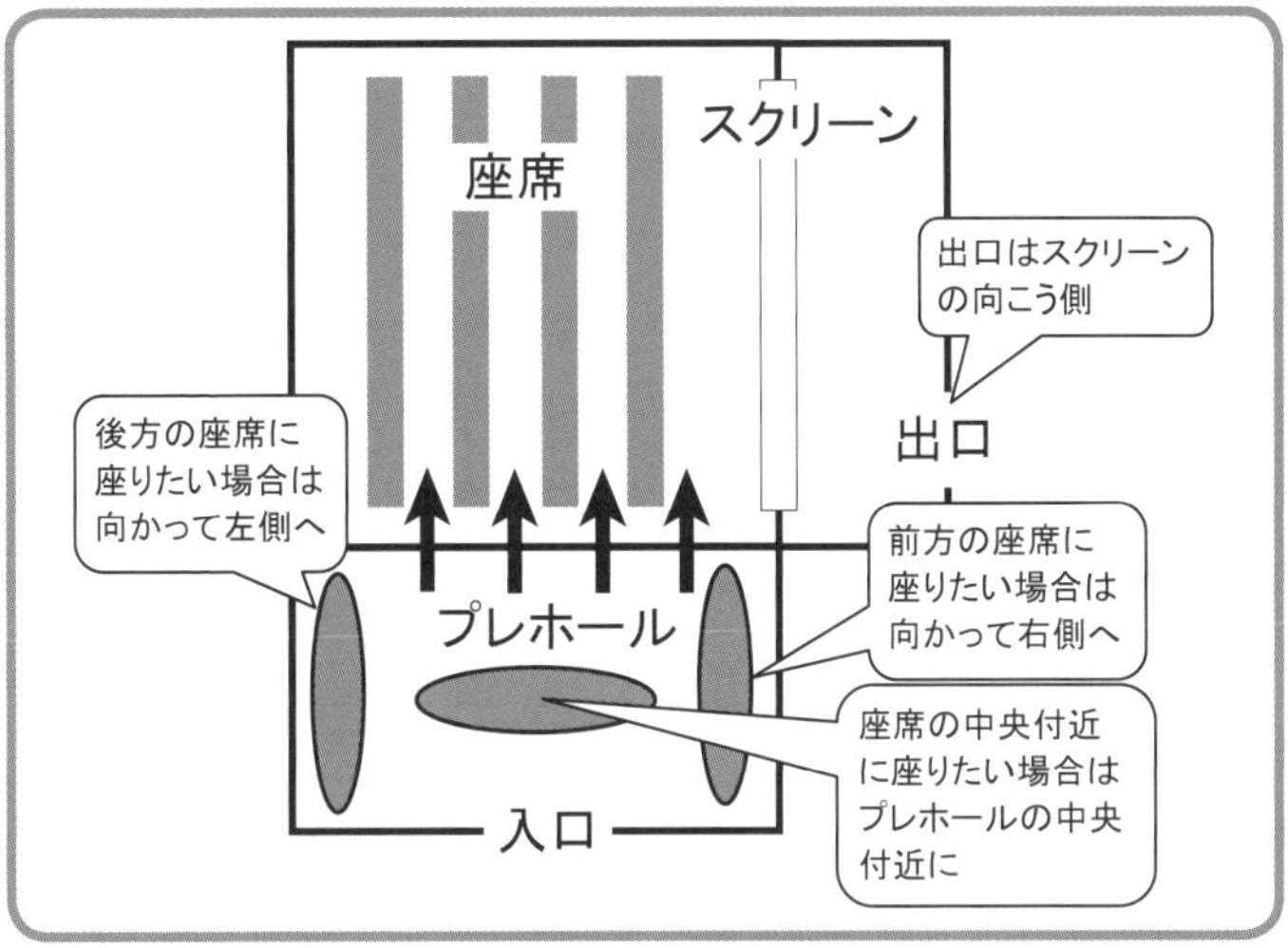

座席
スクリーン
出口はスクリーンの向こう側
出口
後方の座席に座りたい場合は向かって左側へ
前方の座席に座りたい場合は向かって右側へ
プレホール
座席の中央付近に座りたい場合はプレホールの中央付近に
入口

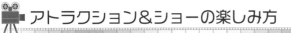

Shrek's 4-D Adventure

史瑞克 4-D 历险记

TYPE ショー

④ シュレック4-Dアドベンチャー

混雑度 ★★★☆☆

シュレックが話すのは関西弁、さらわれたフィオナを救い出せ ただし上映は1日のなかでも後半のみ

この作品は、ドリームワークスのアカデミー賞を受賞した映画「シュレック」から誕生したユニバ・オリジナルストーリーです。シネマ4Dシアターにて公開されていますが、いつでも鑑賞できるわけではありません。なぜならば、クールジャパン開催中のときは「ゴジラ」や「エヴァンゲリオン」などの4D映像が公開されるため「シュレック」は、お休みモードに入ってしまうからです。それ以外は2部構成になっているのですが「セサミストリート4Dムービーマジック」上映中は「シュレック」を観ることができませんので、スケジュールを確認する必要があります。こちらの映像は3－Dメガネを着用して観るのですが、においや風、水しぶき、座席の振動などといった仕掛けも体感することができます。

シアターの座席に着く前に一度、プレホールへ集合するのですが、このとき前方ではなく、中央付近で待機することをおススメします。なぜならば、前方にいるとシアターの左から詰めて座るように促されてしまうためです。

ちなみに外から入って部屋の**右手側**が**スクリーン前**、**左手**が**奥側**なので、どの席で観たいかによって待機場所を変えてみても良さげです。そういえば、シュレックは関西弁を使うのですが、映画の吹き替えを担当されたダウンタウンの浜田さんとは違う方の声のようです。フィオナ姫の声は映画同様、藤原紀香さんが担当されているようなので、チェックしてみてくださいね。

Space Fantasy -The Ride
太空幻想列车

TYPE ライド

⑤ スペース・ファンタジー・ザ・ライド

混雑度 ★★★★☆

XRライド実施時は ★★★★★

宇宙空間を駆け抜けるスピン形コースター
Eパスも早めに売り切れる可能性大

2席×2列で背中合わせに乗るこのライドは、乗る人の総体重によって速さや回転率が変わる仕掛けが施されています。エネルギーが弱ってしまった太陽を救うために宇宙に向かうといったストーリーで始まるこのライドは、円形型のソーラーシャトルに乗り込んで、星の輝く宇宙空間を回転しながら進んでいく屋内型コースターです。素早いスピンが繰り返されるなどの激しい動きがあるため、入口で手荷物を100円返却式のロッカーに預ける必要があります。

乗る前にチェックされるのは身長と体格。前者は基準に満たないと付き添いがいても乗れませんが、後者は安全バーが下がらないと乗ることができません。スタンバイ時に写真撮影があり、降りた後、ストラップ付フォトフレームに納めたものを購入できます。

ところで、ユニバファンの間ではスペース・ファンタジー・ザ・ライドがなくなるかもしれないという噂が広まっています。理由はXRライドのコラボ企画が立て続けに実施されたこと。

今まで、きゃりーぱみゅぱみゅ、エヴァンゲリオン、ファイナルファンタジー、ルパン三世と続きました。XRライドではありませんが、2017年にドリカムとのコラボ企画も実施しています。

もともとは2009年5月10日までE．T．アドベンチャーがあった場所でしたが、スペース・ファンタジー・ザ・ライドが始まったのは2010年3月19日ですから、10年の月日を経れば進化するのかもしれませんね。

Universal Monsters Live Rock And Roll Show 环球妖魔鬼怪摇滚乐表演秀

TYPE ショー

⑥ ユニバーサル・モンスターライブ・ロックンロール・ショー

混雑度 ★★★☆☆

MCは関西弁⁉ 笑いと感動のウェーブ炸裂！

ユニバーサル・モンスターライブ・ロックンロール・ショーは、ティム・バートン監督の映画「ビートルジュース」に登場するキャラクターたちによるトークやダンスを交えたミュージッククライブです。初めてショーを観る方は正直、関西弁MCビートルジュースのノリについていけないかもしれません。「墓場だけにボチボチ行くか」の台詞の後に仲間たちは登場。フランケンとブライドは客席を通って登場。間近で観たい方は図を参照に通路側の席を確保してみてくださいね。ショーの上演時刻はエントランス等で配布されているショー・スケジュールで確認できます。座る席にこだわりがなければ902名も収容できるので、開始寸前でもだいたい入場できますが、最前列かぶりつきで楽しむなら1時間以上前から並ぶことをおススメします。

楽曲リスト

オープニング
KISS - I WANNA ROCK AND ROLL ALL NIGHT

ウルフィー
Bon Jovi - One Wild Night

ブライド
Gloria Gaynor - I Will Survive

ビートルジュース
VILLAGE PEOPLE - Y.M.C.A.

ピップ&ホップ
DONNA SUMMER - HOT STUFF
THE WEATHER GIRLS - IT'S RAINING MEN

フランケン
Carlos Santana - Smooth

ドラキュラ伯爵
Ricky Martin - Livin' La Vida Loca

エンディング（オープニングと同じ曲）
KISS - I WANNA ROCK AND ROLL ALL NIGHT

キャラクター入場ルート

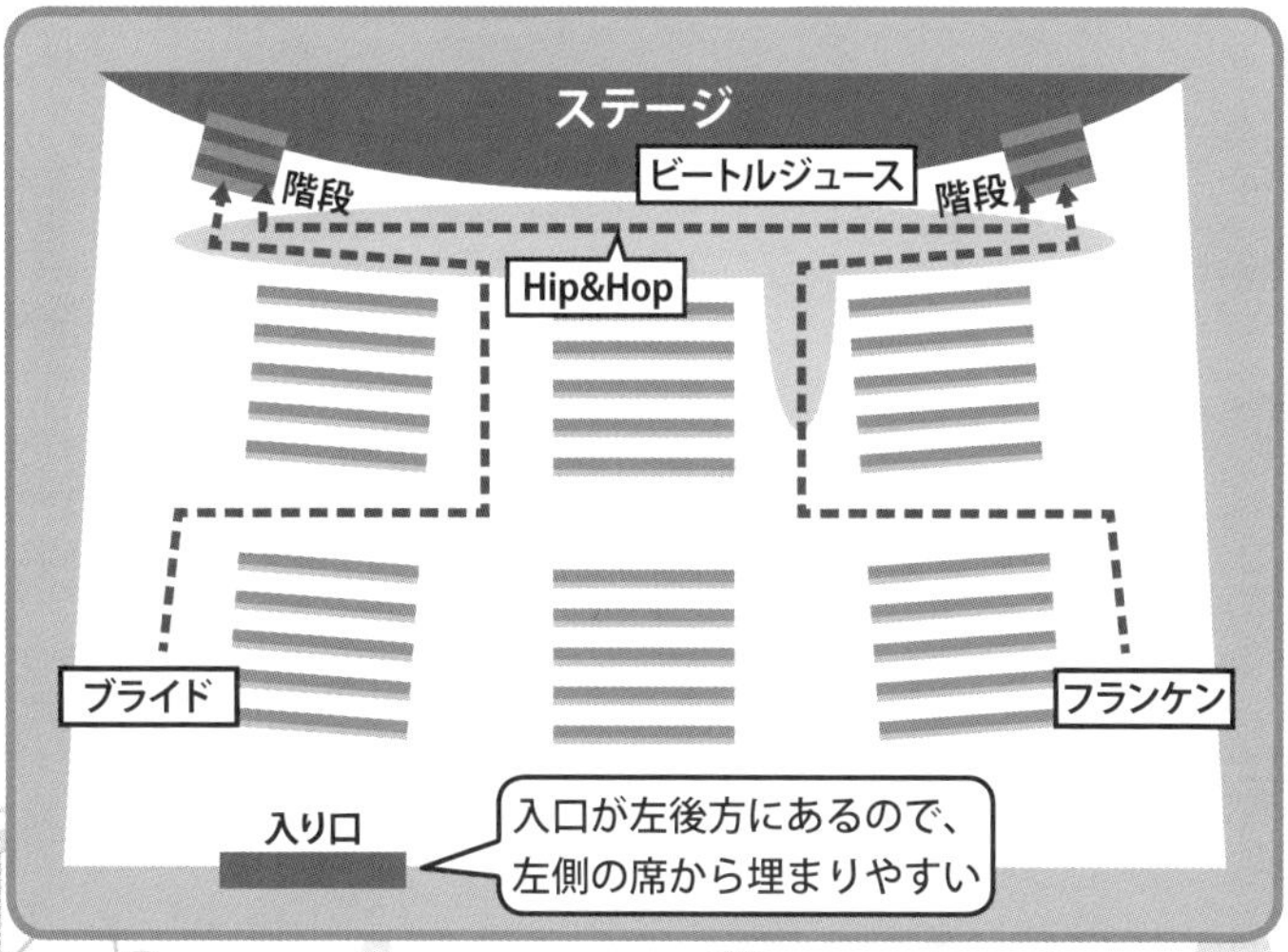
ステージ
ビートルジュース
階段
階段
Hip&Hop
ブライド
フランケン
入り口
入口が左後方にあるので、
左側の席から埋まりやすい

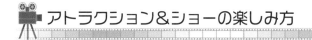

Playing with Curious George™　与好奇猴乔治一起玩™

TYPE　ショー

⑦ プレイング・ウィズ おさるのジョージ

混雑度　★★☆☆☆

世界中で有名なキャラクターおさるのジョージがユニバに登場
ハイテク技術を駆使した仕掛けをお子さまと一緒に鑑賞しよう！

こちらのショーがスタートしたのは2018年6月30日のこと。それまではウッディー・ウッドペッカーが大暴れの「アニメ・セレブレーション」や、ようかいウォッチのキャラクターたちと楽しむ「ようかい体操・ザ・リアル」が公開されていました。

おさるのジョージもアニメ・セレブレーションに流れが近く、アニメ製作会社を見学するツアーに参加することから始まります。もしもアニメのキャラクターがスクリーンから飛び出したら？　誰もが一度は考えそうですが「おさるのジョージ」には、そんな願望を現実にしたような仕掛けが、いっぱい盛り込まれています。ステージ上でキャストとアニメ映像が一体となり、おさるのジョージが現実世界に現れたような錯覚に陥る感覚を、楽しんでみてくださいね。

ステージ解説図

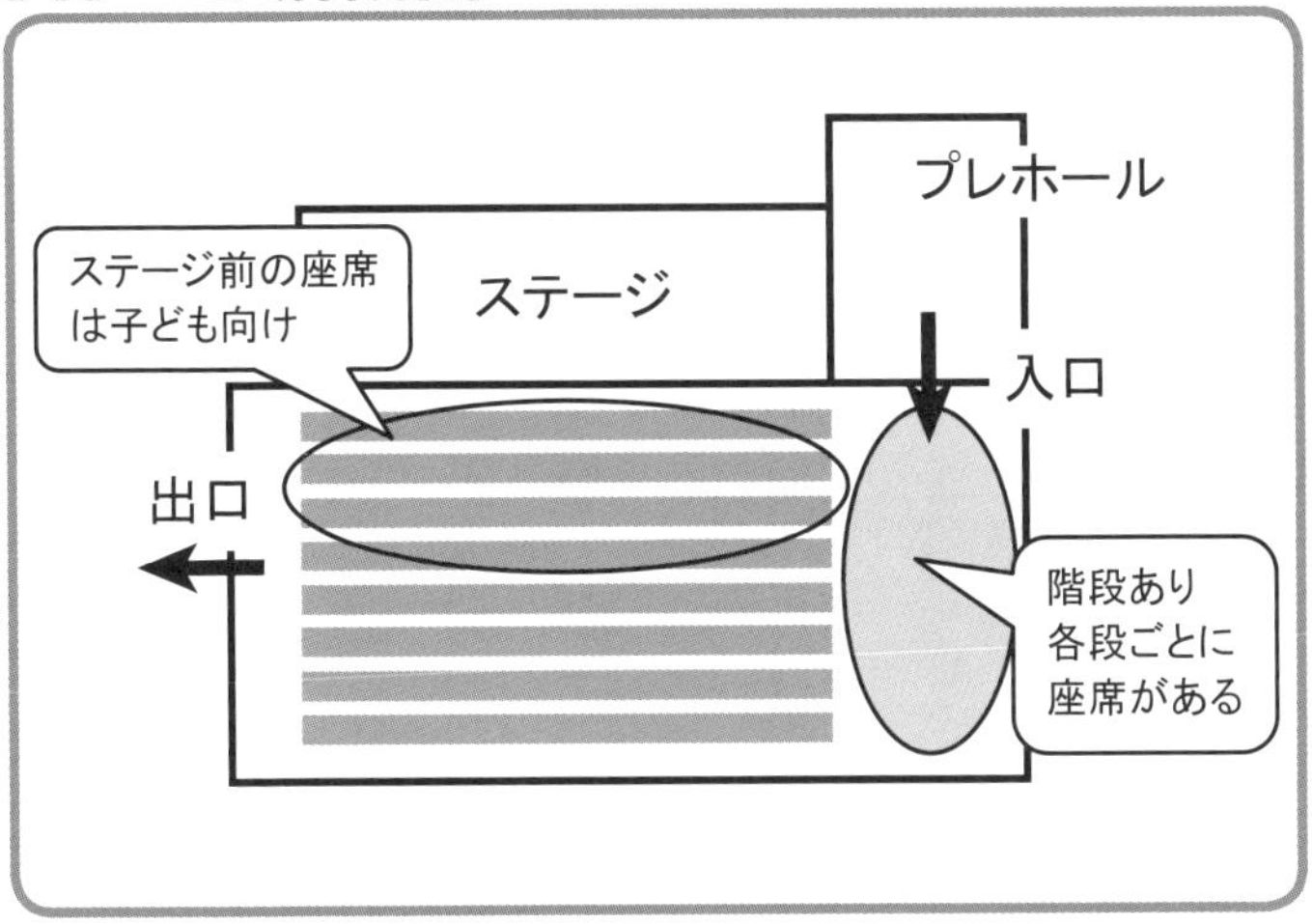

SING ON TOUR

欢乐好声音巡回演唱会

TYPE ショー

⑫ シング・オン・ツアー

混雑度 ★★★★☆

映画「SING」でお馴染みの人気キャラクターたちが大集結
歌あり、トークあり、ダンスあり、トラブルを乗り越え感動のラストへ

イルミネーション・シアターは元々、年間パス・センターだった場所。

2019年4月18日から「SING」に登場するキャラクターたちによるミュージカル・ショーがスタートしました。スタンバイ時からチラつくハプニングの影。劇場事務員ミス・クローリー（イグアナ）の落とし物（?）もショーが始まる前に探すことになりそうです。

ところで、司会進行役バスター・ムーンの声を担当しているのは、映画の日本語吹き替えと同じ、ウッチャンナンチャンの内村光良さん。彼のMCによってお馴染みのキャラクターたちが次々とステージに登場し、パフォーマンスを披露していくので、注目してみてくださいね。

楽曲リスト

オープニング
Around The World

バスター・ムーン（コアラ）
Gimme Some Lovin'

ジョニー（ゴリラ）
I'm Still Standing

ロジータ & グンター（ブタ）
Shake It Off

ミーナ（ゾウ）
Don't You Worry 'bout A Thing

アッシュ（ヤマアラシ）
Set It All Free

イカ&オールメンバー
Faith

エンディング
Venus

ステージ解説図

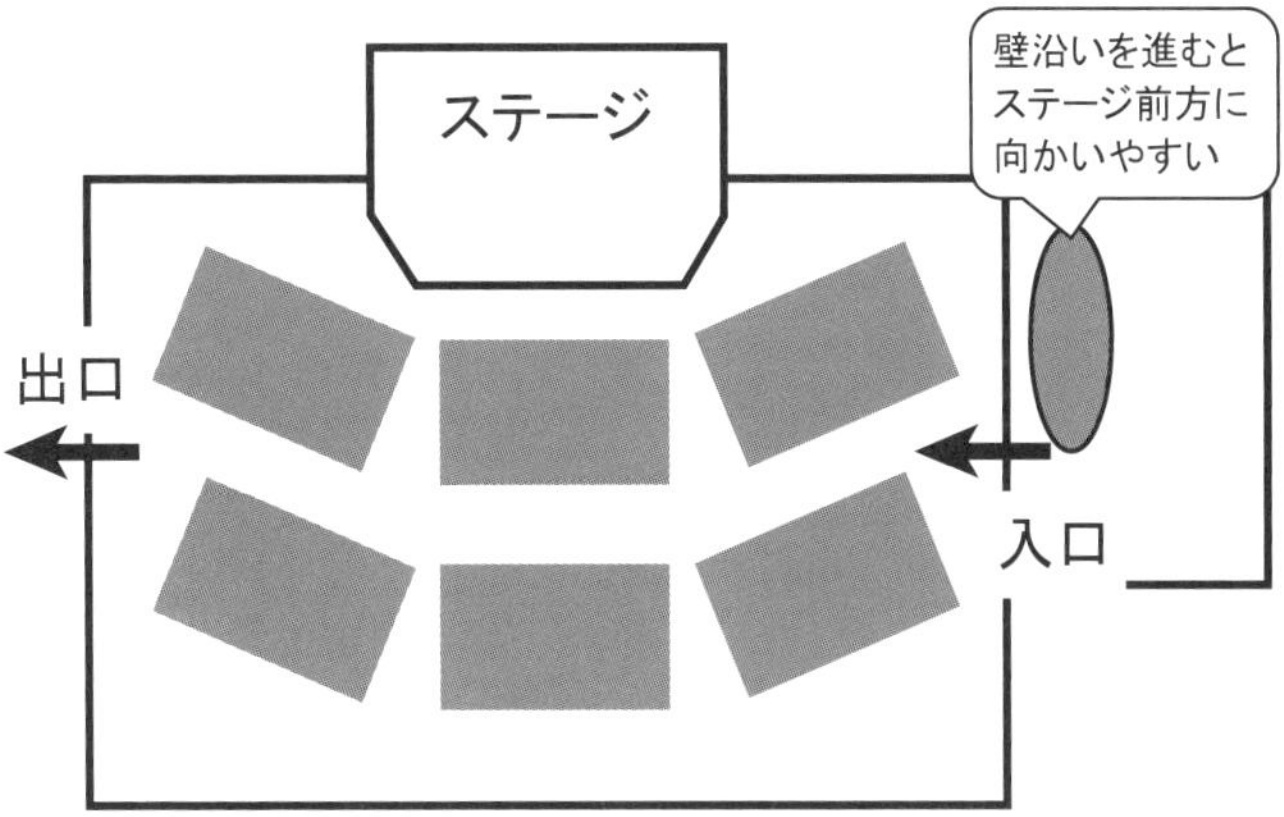

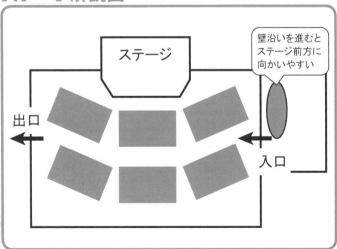

UNIVERSAL SPECTACLE NIGHT PARADE -The Best of Hollywood-

环球影城奇观夜间游行 ～好莱坞之最～

TYPE ショー

㉓ ユニバーサル・スペクタクル・ナイトパレード ～ベスト・オブ・ハリウッド～

混雑度 ★★★★★

4つの作品がパレードに集約
ナイトパレードを一層引き立てる
プロジェクション・マッピング

パレードのスタート地点は、スペース・ファンタジー・ザ・ライドと、ターミネーター 2：3Dの間の道筋。プレイング・ウィズおさるのジョージの壁面にプロジェクション・マッピングが投影されるので、**ステージ22前あたりから鑑賞**してみてください。鑑賞時間は賞味25分ほど。**終盤**で観たいなら、**グラマシーパークあたりでの鑑賞**がおススメです。

★ ユニバーサル・スペクタクル・ナイトパレードMAP ★

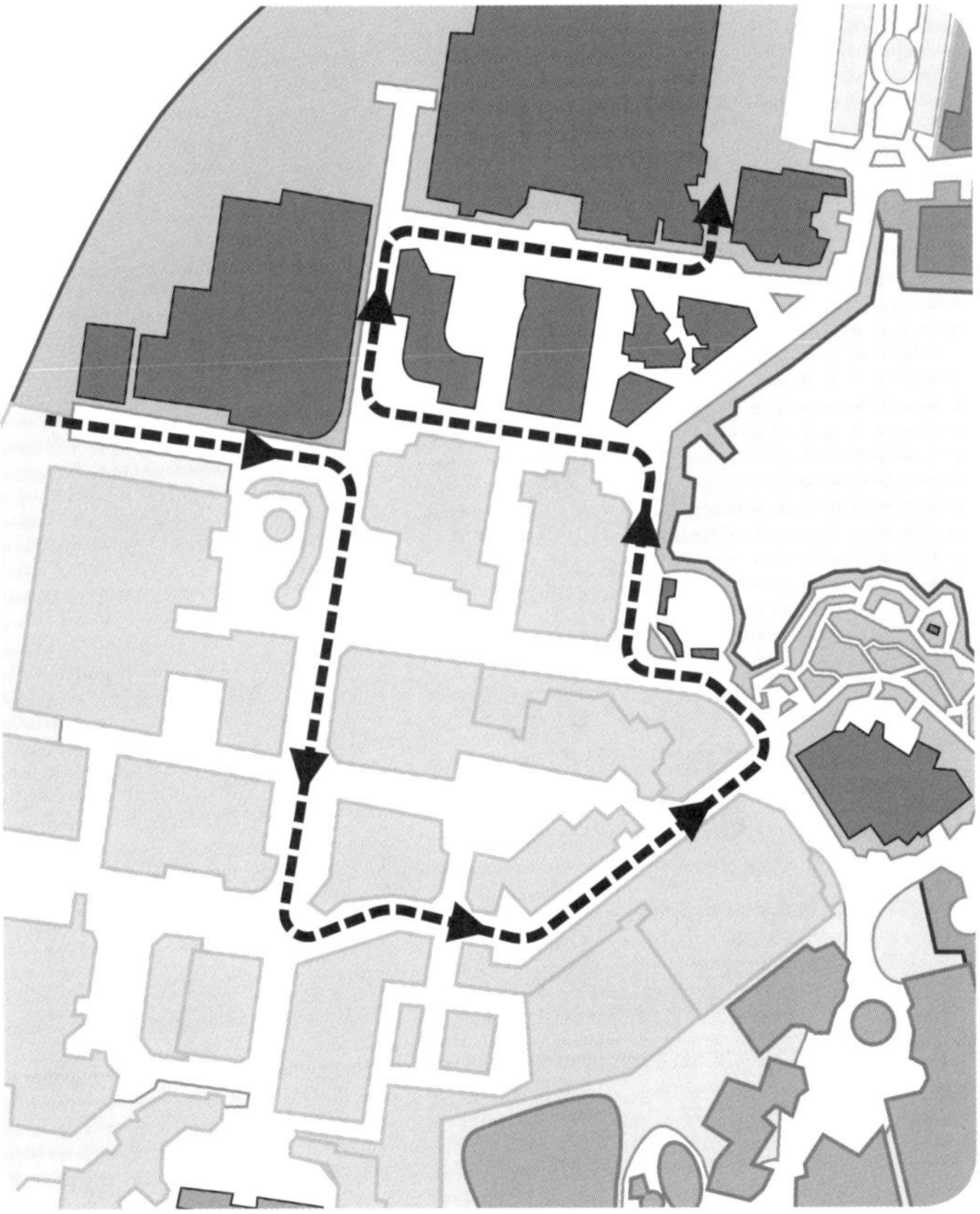

★ニューヨーク・エリアMAP★

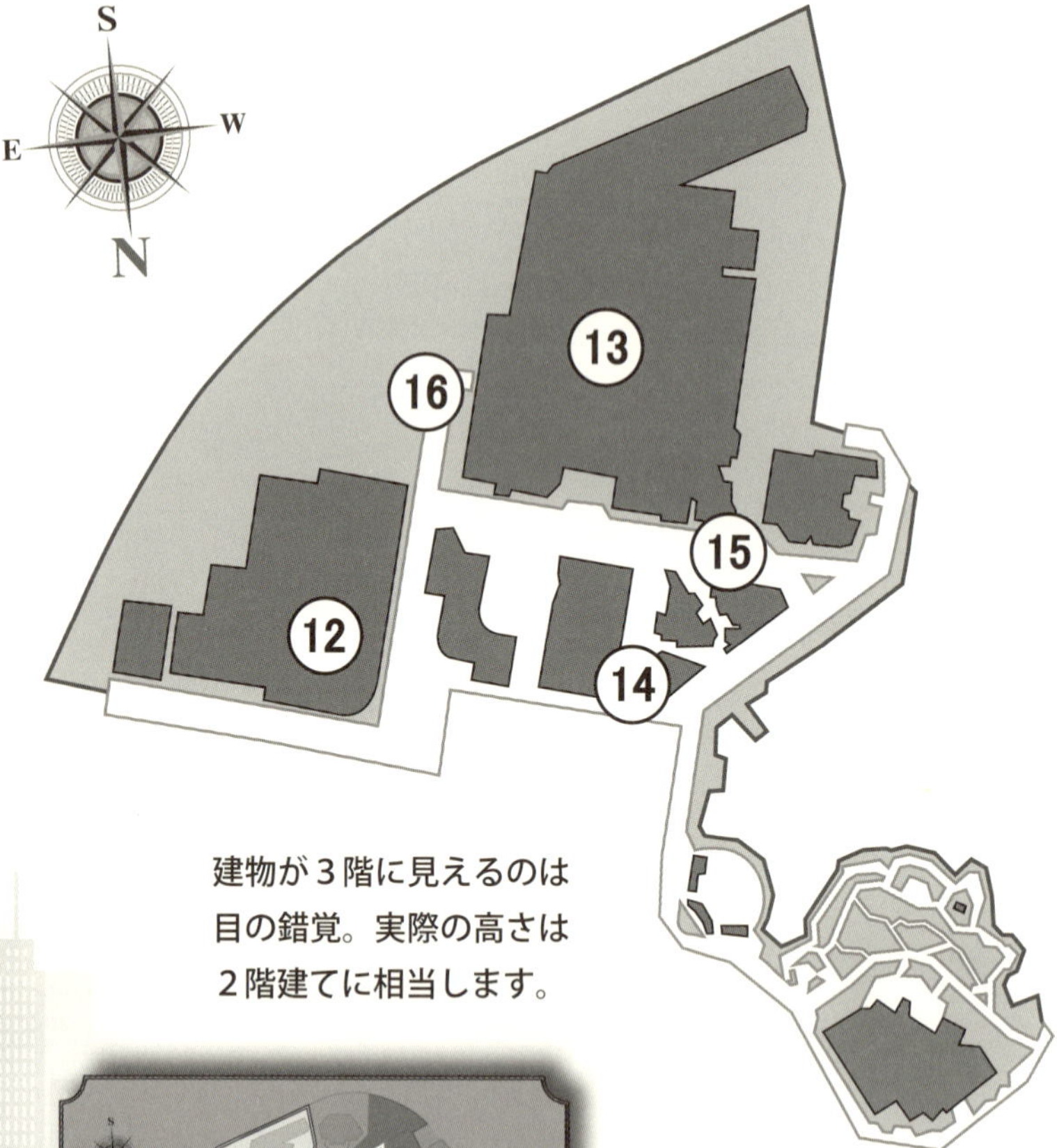

建物が３階に見えるのは
目の錯覚。実際の高さは
２階建てに相当します。

○ アトラクション

アトラクション&エンターテイメント・Attraction&Entertainment・游乐设施 & 表演

No.	アトラクション&エンターテイメント	Attraction&Entertainment	游乐设施 & 表演
12	ターミネーター2：3-D	Terminator 2:3-D®	魔鬼终结者 2：3-D®
13	アメージング・アドベンチャー・オブ・スパイダーマン・ザ・ライド 4K3D	The Amazing Adventures of Spider-Man - The Ride 4K3D	蜘蛛侠惊魂历险记 – 乘车游 4K3D
14	セサミストリート™・ボリウッド	SESAME STREET™ Bollywood	芝麻街™宝莱坞
15	イースト・ミーツ・ウエスト・カルテット	East Meets West Quartet	东西合璧四重奏
16	ミニオン・ハチャメチャ・ワールド	Minions Hacha-Mecha World	小黄人调皮闹剧世界

行列が面倒&嫌という方には、すぐに乗れるEパスがおススメ！

ユニバーサル・エクスプレス・パス（Eパス）は、人気アトラクションへ優先搭乗できるすぐれもの。入手にはお金がかかりますが数量限定販売のため、利用する当日だと殆ど売り切れています。あらかじめ予約購入しておきたいところですが、天候によっては希望アトラクションを利用できない可能性もあります（その場合は別のアトラクションへの振り替え利用が可能）。

Terminator 2:3-D®

TYPE ショー

⑫ ターミネーター2:3-D

混雑度 ★★★☆☆

魔鬼終結者 2：3-D®

映画「ターミネーター」よりも前説のほうが楽しい⁉
巨大な3Dスクリーンに映し出される熱き戦い

企業見学に訪れたゲストたちは、立体映像エリアに案内されたところでトラブルに巻き込まれ、T-800とサイボーグの戦いを見届けます。実際のアクターたちが登場してアクションを披露する場面もありますが、基本的には3-Dメガネを着用して映像を鑑賞するスタイル。

座席には仕掛けが施されていますが、利用の際に身長制限はありません。

しかし、注目したいのは本編ではなく、プレホールにいるサイバーダイン・システム社の綾小路麗華様。彼女の前説はかゆいところに手が届くような切り返しで、ゲストたちの笑いを誘います。「どこからいらしたの?」とか「誰といらしたの?」などの質問から、ほぼ毒づきの返答。ゲストがウケを狙って回答しても「あ、そう」などと受け流し、相手にされないこともあります。

ステージ解説図

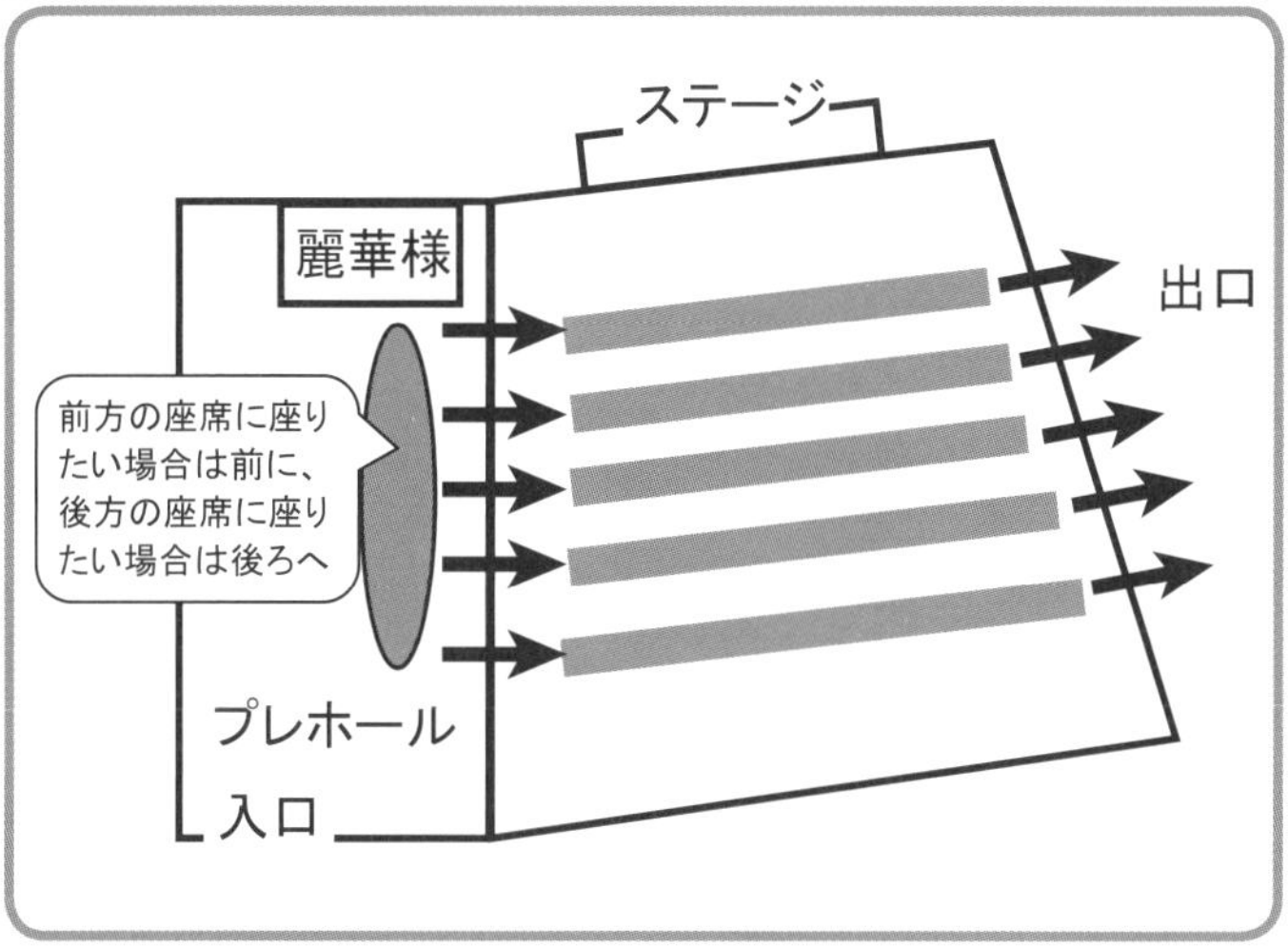

The Amazing Adventures of Spider-Man - The Ride 4K3D
蜘蛛侠惊魂历险记 - 乘车游 4K3D

TYPE ショー

⑬ アメージング・アドベンチャー・オブ・スパイダーマン・ザ・ライド4K3D

混雑度 ★★★★☆

スパイダーマンの世界観を3Dで味わいつくそう！
並んで乗らなくても良いならシングルライダーがおススメ

主人公の勤める新聞社に見学で訪れたゲストが、大事件に巻き込まれてとったストーリーから始まるこのライドは、2013年の7月にリニューアルし、世界最高レベルの映像技術「4K3D」を搭載しました。ハリー・ポッター・アンド・ザ・フォービドゥン・ジャーニーが登場するまで、世界ナンバーワン・ダークライドを13年連続受賞した実績を誇るだけあり、飽きさせない工夫が凝らされています。座席は4席×3列の12人乗り。最前列は映像と特殊効果の迫力が最高なので、座れたらラッキーかも？　通常スタンバイは混雑していることが多いため、仲間同士が並んで座ることにこだわらないのであれば、**シングルライダー**の利用をおススメ。

Eパス利用時とさほど変わらない順番でサクサクと乗れるのでお試しください。

ところで、アトラクションの最後にスパイダーマンから「ハイチーズ」とカメラを向けられるのですが、実際に写真が撮られているわけではありません。ついついカメラに向かってピースしそうになるのですが、ここはスルーしましょう。ちなみに写真販売サービスがあるのは、比較的序盤で隠し撮りされているため。具体的なタイミングは**悪役がライドに巨大な電気プラグを差した直後**。右斜め上でフラッシュが光り3回目の点滅したときに撮影されます。ここを狙って3Dメガネを外してCOOLにポーズを決めれば、ほかのゲストとひと味違った思い出の1枚を残すことができるので、試してみてください。

★ ミニオン・パークMAP ★

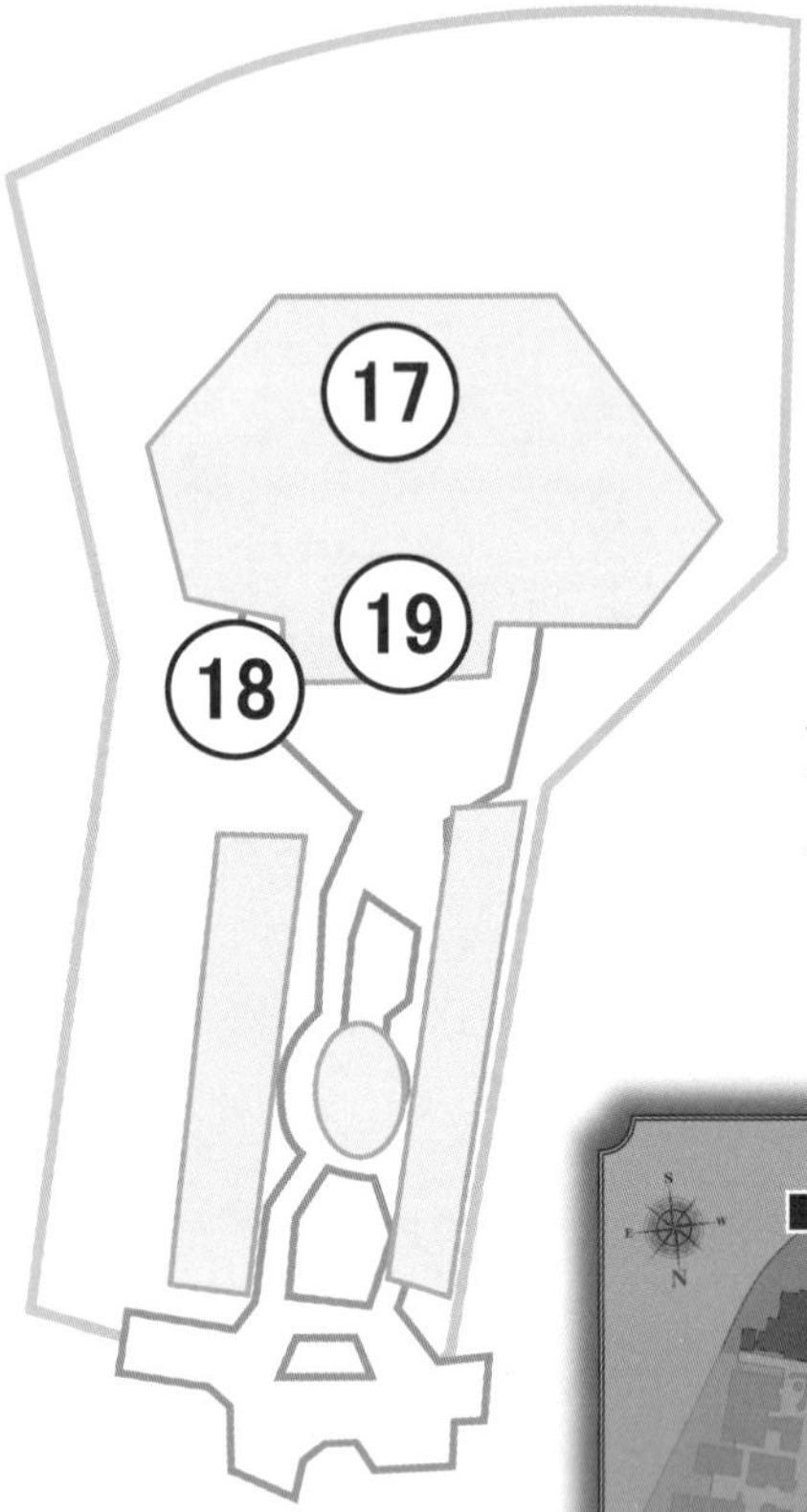

人通りが減る夜は、噴水で遊んでいるミニオンたちの会話が聴き取りやすくなります。

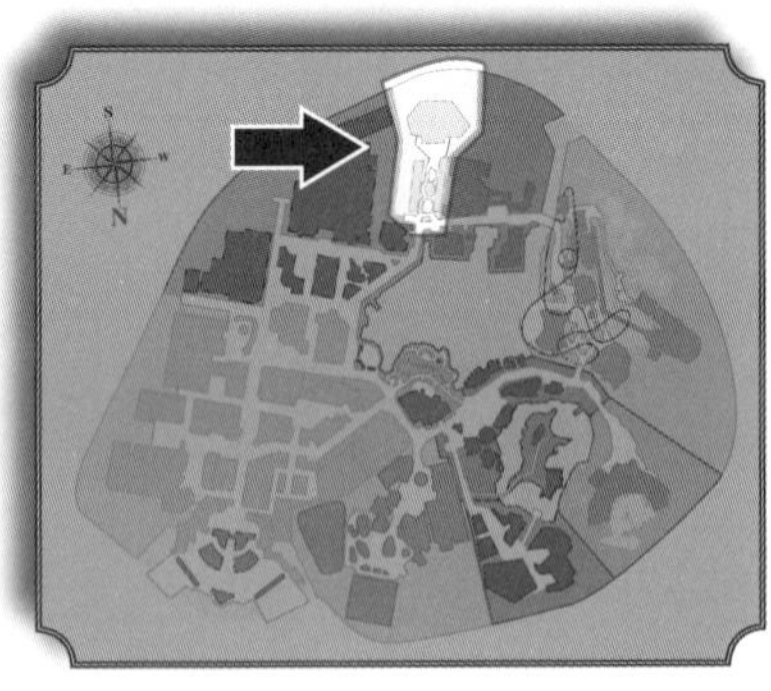

○ アトラクション

アトラクション&エンターテイメント・Attraction&Entertainment・游乐设施 & 表演

No.	アトラクション&エンターテイメント	Attraction&Entertainment	游乐设施 & 表演
17	ミニオン・ハチャメチャ・ライド	Despicable Me Minion Mayhem	小黄人 调皮闹剧乘车游
18	ミニオン・ハチャメチャ・アイス	Freeze Ray Sliders	冰冻激光乘车游
19	ミニオン・ハチャメチャ・グリーティング	Minions Hacha-Mecha Greeting	和小黄人们一起庆祝

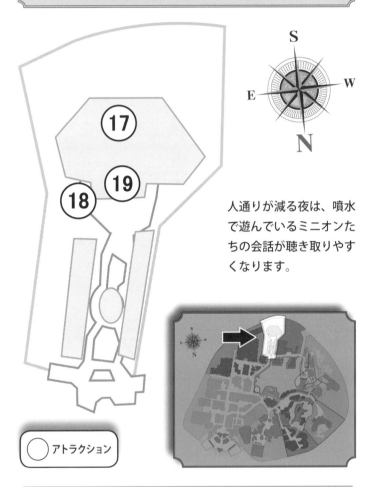

Freeze Ray Sliders

TYPE ライド

⑱ ミニオン・ハチャメチャ・アイス

冰冻激光乘车游

混雑度 ★★★☆☆

ミニオンの巨大凍らせ銃による悪戯でプールがアイスリンクに変化 製氷車型のライドに乗り混んで氷上レースでクルクル回ろう!

ミニオン・パークにこのライドが登場したのは、2018年6月30日のこと。氷上車をイメージした4人乗りのライドは全部で10台あり、アイスリンクの上をクルクルまわりながら動きます。コーヒーカップのようなイメージを持ちますが、見た目ほど回転は激しくはないように感じました(あくまでも個人的な感想ですが…)。ところで巨大凍らせ銃からはレイトウコウセンが発射されるのですが、冷気なので猛暑などのサマーシーズンには、いっときクールダウンできるという利点があります。また、夜は比較的すいている傾向にありますが、混雑時にはジュラシック・パークへ向かう橋の手前にある発券機で、**臨時に整理券を配布**することもあります。よやくのり同様、無料で整理券は貰えるので、チェックしてみてくださいね。

Despicable Me Minion Mayhem 小黄人调皮闹剧乘车游

TYPE ライド

⑰ ミニオン・ハチャメチャ・ライド

混雑度 ★★★★★

画像はハイブリッド5Kの超高画質

ここには以前、バック・トゥ・ザ・フューチャー・ザ・ライドがありました。しかし、2016年5月31日、多くのファンに惜しまれながら終了してしまったのです。

その後釜として登場したミニオン・ハチャメチャ・ライドは、世界最大級のドームスクリーンに映し出されるハイブリッド5Kの高画質映像にプラスして、激しく動くビークル。2017年4月21日の開始以来、今でも不動の人気を誇っています。怪盗グルーの住居兼研究室を舞台に、ゲストたちはミニオンになるためのトレーニングを受けるため、ビーグルに乗り込みます。

大忙しのグルーに代わり、彼の娘たちがゲストたちのトレーニングに付き添いますが、急降下・急上昇・急旋回・急加速など、波乱に満ちた動きを体感することになります。

ところで、ライド利用の前にも楽しみがいくつかあります。スタンバイ時に観ることのできるモニターで随時、流れている「ミニオンクイズ」。クイズはループして流れているのですが、珍解答のオンパレードで思わずクスッと笑ってしまうツボ満載です。

また、スタンバイ途中のルートには**JALのマイレージを貯められる**マイルタッチ機が設置されています（このライドが開始する前はスパイダーマンのところに設置されていました）。利用すれば1日32マイルが貯まり、1か月に最大5回160マイルまでは貯めることができるので、通ってコツコツJALマイルを貯めてみてくださいね。

★ サンフランシスコ・エリアMAP ★

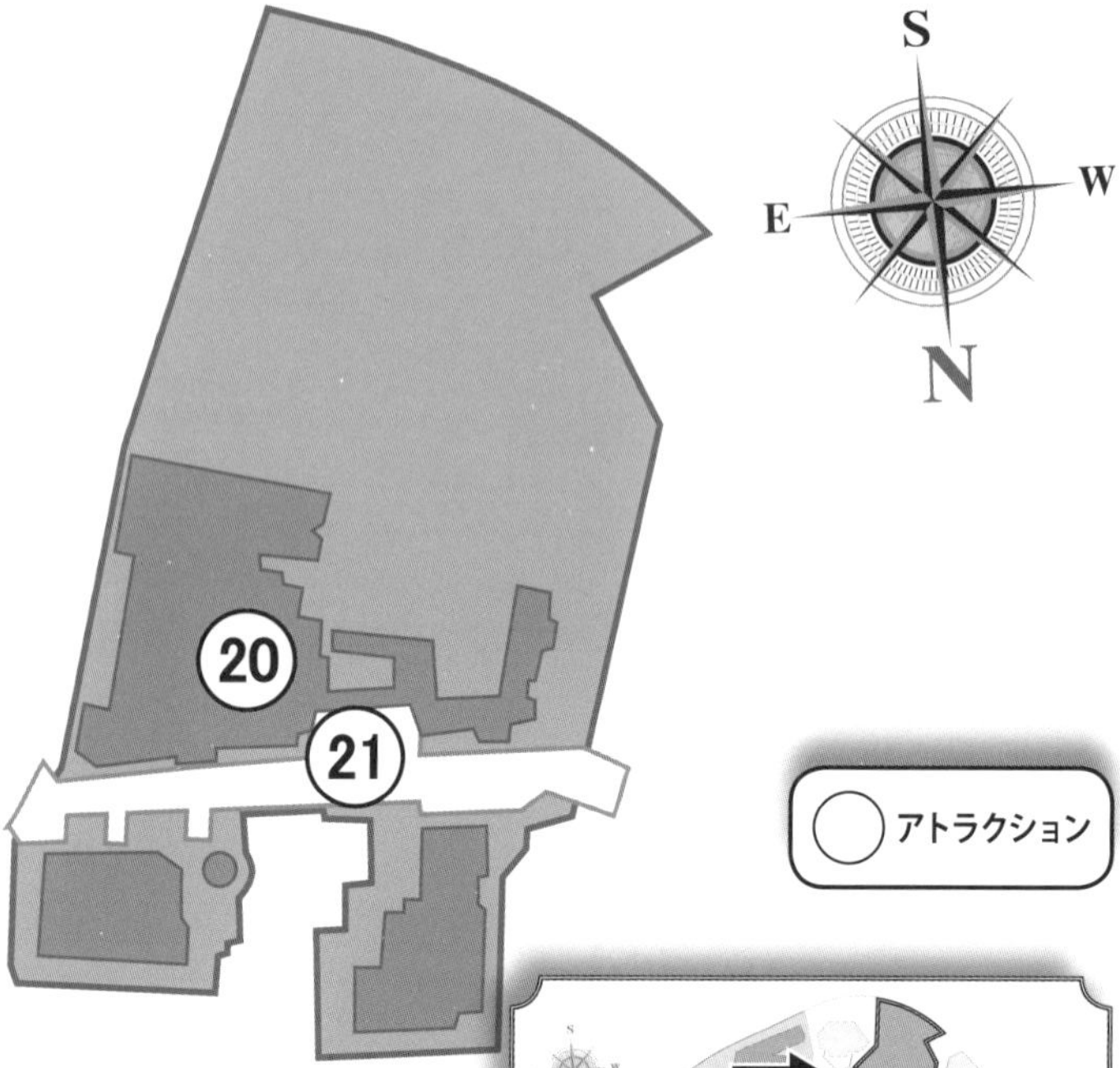

びしょ濡れアトラクション利用後は、バックドラフトの熱風で乾かすという荒技が使えます。

アトラクション&エンターテイメント・Attraction&Entertainment・游乐设施 & 表演

No.	アトラクション&エンターテイメント	Attraction&Entertainment	游乐设施 & 表演
20	バックドラフト	Backdraft™	浴火赤子情™
21	マレヴォ・デ・アルゼンチーナ	Malevo de Argentina	Malevo・戴・阿根廷

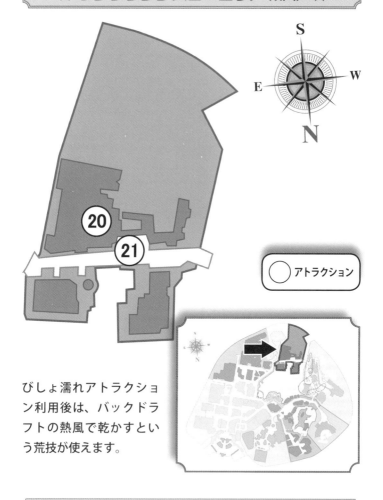

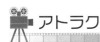

Backdraft™

TYPE ショー

⑳ バックドラフト

混雑度 ★★★☆☆

浴火赤子情™

映画「バックドラフト」より火災現場をリアルに再現 吹きかかる熱風に注意せよ

ここは化学工場の内部を模した3つのホールを順々に移動して、火災シーンを見学するアトラクションです。ベストポジションは大迫力確実の最前列。そこを狙うなら3列に分かれて移動する際に、一番右側の列に並ぶことをおススメします。

爆発音や大火災を目の当たりにするため、心臓が弱い方は最前列を避けて、後方で見学するほうが無難かもしれません。

★ ジュラシックパークMAP ★

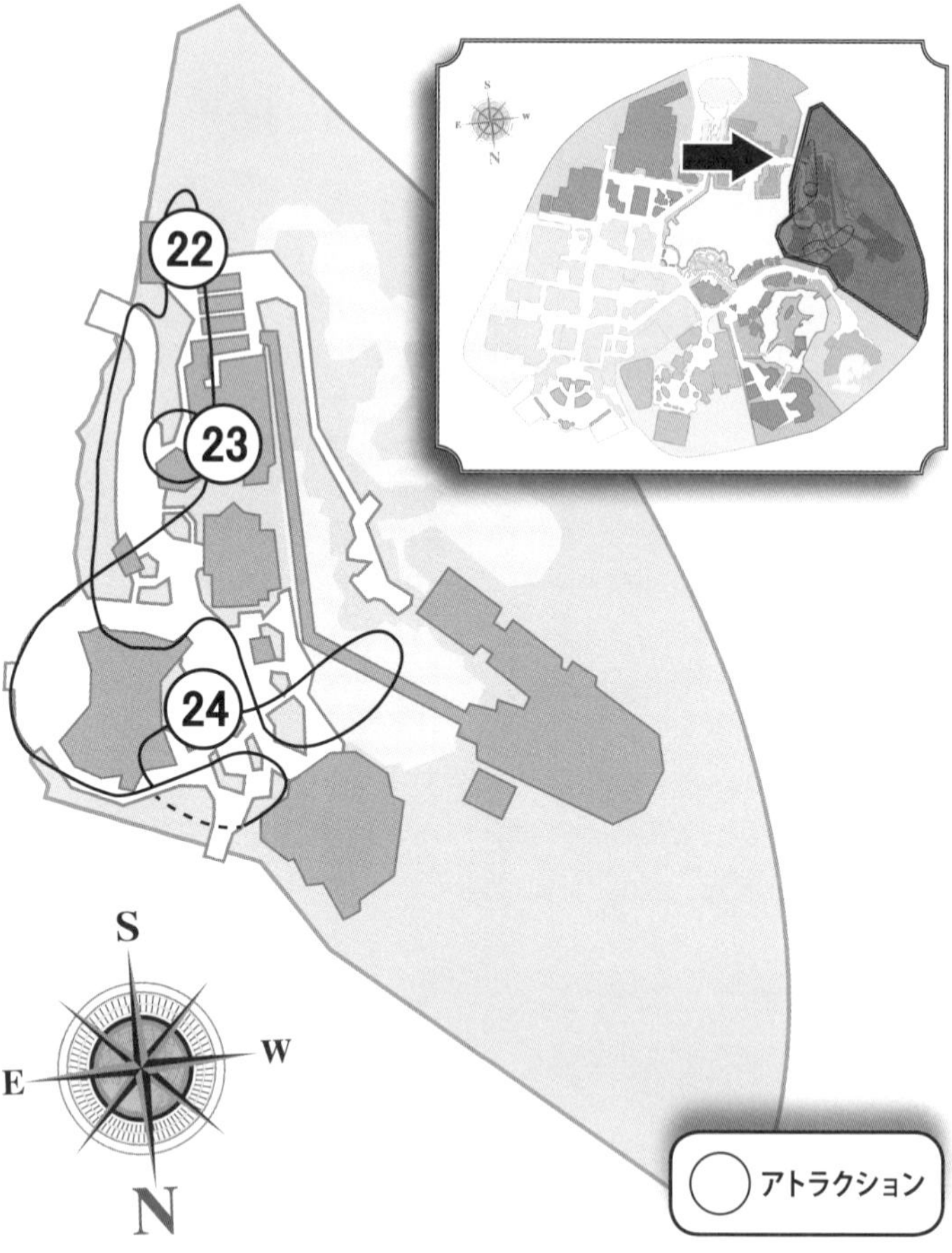

アトラクション&エンターテイメント・Attraction&Entertainment・游乐设施 & 表演

No.	アトラクション&エンターテイメント	Attraction&Entertainment	游乐设施 & 表演
22	ザ・フライング・ダイナソー	The Flying Dinosaur	飞天翼龙
23	ジュラシック・パーク・ザ・ライド	Jurassic Park – The Ride™	侏罗纪公园 · 乘船游™
24	マイ・フレンド・ダイナソー	My Friend Dinosaur	我的朋友恐龙

The Flying Dinosaur

TYPE ライド

㉒ ザ・フライング・ダイナソー

飞天翼龙

混雑度 ★★★★★

世界最長コース＆高低差も世界一 大空を飛びたい…はここで叶う
ひねり回転と急旋回の連続暗闇と光の中を突き抜ける

このライドは座って走行する従来の座席型コースターではなく、顔と体が下を向いた状態の大の字ポーズで、鳥のように空中を猛スピードで進むフライングコースターです。その恰好は、まるでプテラノドンに背中をつかまれたようにも見受けられます。

最も高い場所から低い場所への最大高低差は37・8m。そしてその全長が1124mもあるため、興奮をより長く味わえます。スタート直後はゆっくり最高地点まで上昇するので、下を歩いているゲストやラグーン方面を眺める余裕があるものの、降下に入るとそんなことも言っていられなくなります。ひねり回転ですが、前半はタテ回転、後半はヨコ回転という構成になっているため、動きについていけず、目が回ってしまうかもしれません。

アトラクション利用時には手荷物はもちろん、身に着けているものはすべて預ける必要があります。仮に荷物を持ち込んだことが確認された場合「パークより退場していただきます」と、注意書きに記載されている通り、一切の妥協がありません。過去にはゲストが隠し持っていたスマホを見つけたクルーが、既に動き出したライドを**緊急停止**させ、全員をおろした後に、退場処分としたことがニュースに取り上げられました。これは余談ですが、寒い日にコートやセーターなどを着こんでいると、同じ服装でも乗れる日と乗れない日があるようなので、厚着しすぎないように気をつけてくださいね。

★ ザ・フライング・ダイナソー ルートMAP ★

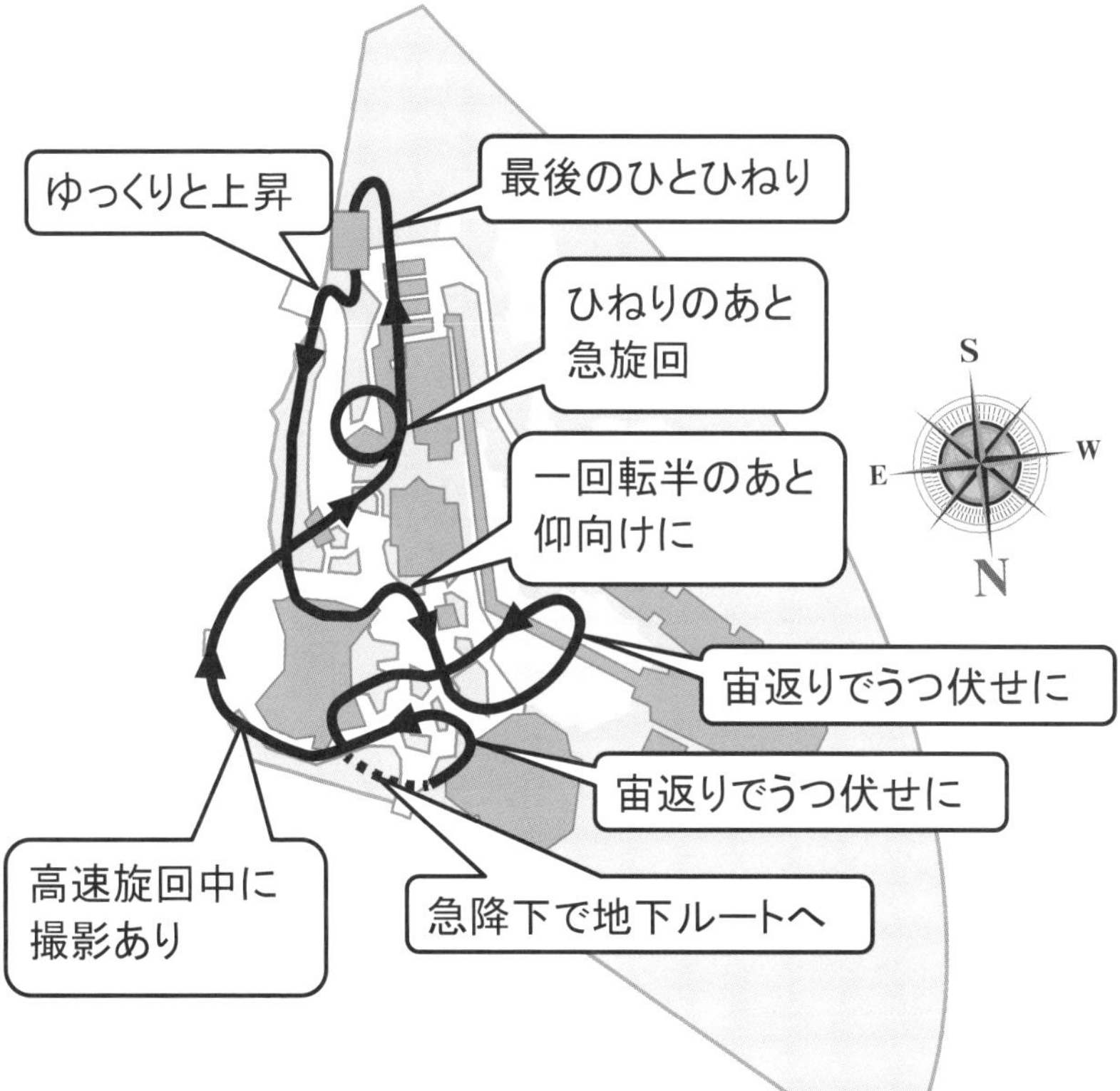

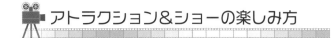

Jurassic Park – The Ride

侏罗纪公园 – 乘船游 TM

TYPE ライド

⑰ ジュラシック・パーク・ザ・ライド

混雑度 ★★★★☆

傾斜51度の急流滑りがアツイずぶ濡れ必須のボートツアー 濡れたくないならポンチョ着て、ずぶ濡れ狙うなら前から2列目

こちらは「水しぶき増量」企画が実施されることがあるほど、想像以上に濡れます。クライマックスは29・５ｍの高さから傾斜51度の急流滑りで、容赦なく水がかかりますが、どちらかといえば最前列よりも、前から2列目のほうがびしょ濡れになります。理由は最前列のゲストが急降下のとき、前かがみになって頭を下げている状態になるため、その後ろに座っているゲストの顔面に水しぶきが直撃してしまうのです。

とにかく濡れたくない場合は、レインコートかポンチョ着用で乗り込むことをおススメします。ライド利用前にも使い捨てポンチョを自販機にて購入できますが、４００円と少々お高めのため、事前に１００円ショップなどで購入して持参しても良さそうです。

　このライドには急流滑りに差し掛かったところで、撮影ポイントがあります。ボートが上昇している最中はドキドキモードかもしれませんが、恐ろしい**T－レックス**がゲストたちに襲い掛かった後に撮影があるため、どんなポーズを決めたいかなどをイメージしながらスタンバイしてみてください。

　余談ですが、急流の風圧でフードが脱げやすくなっています。そのため紐がついてるフードを着用しているのであれば、しっかり縛っておくことをおススメします。また、ライドの足元はほぼ水浸しになっているので、手荷物は１００円返却式ロッカーへ預けて、濡らさない対策をしておきましょう。

★ ウォーターワールド MAP ★

ショーは年中開催していますが、冬期だけ、ぶっかけられる水が温かいようです。

○ アトラクション

アトラクション&エンターテイメント・Attraction&Entertainment・游乐设施 & 表演

No.	アトラクション&エンターテイメント	Attraction&Entertainment	游乐设施 & 表演
25	ウォーターワールド	WaterWorld™	水世界™

WaterWorld™

TYPE ショー

㉕ ウォーターワールド

水世界™

混雑度 ★★★★☆

最前列に座ればビショ濡れ必須のバトルシーンと手に汗握る迫力
映画「ウォーターワールド」よりリニューアルを重ねてパワーアップ

このショーは1995年に公開したケビン・コスナー主演映画「ウォーターワールド」のその後を描いたストーリー構成になっています。現在のショーは半年のクローズを経て、2018年6月1日からリニューアルしたもの。古くから観ていれば変化には気がつきそうですが、初めての方でも先入観なく楽しめます。立ち見や車イス席を含めて3220名入れますが、どこに座るかによって楽しみ方が異なります。正面が見える中央後方席は全体を見渡すことができますが、一部、柱の陰になって見えづらい部分がありますし、キャストを遠目でしか見られません。会場のベンチは前方が水色、後方が茶色という二つの色に分かれていますが、濡れたくない方は水色の席からなるべく離れている、茶色の席に座りましょう。

ウォーターワールド ステージ解説図

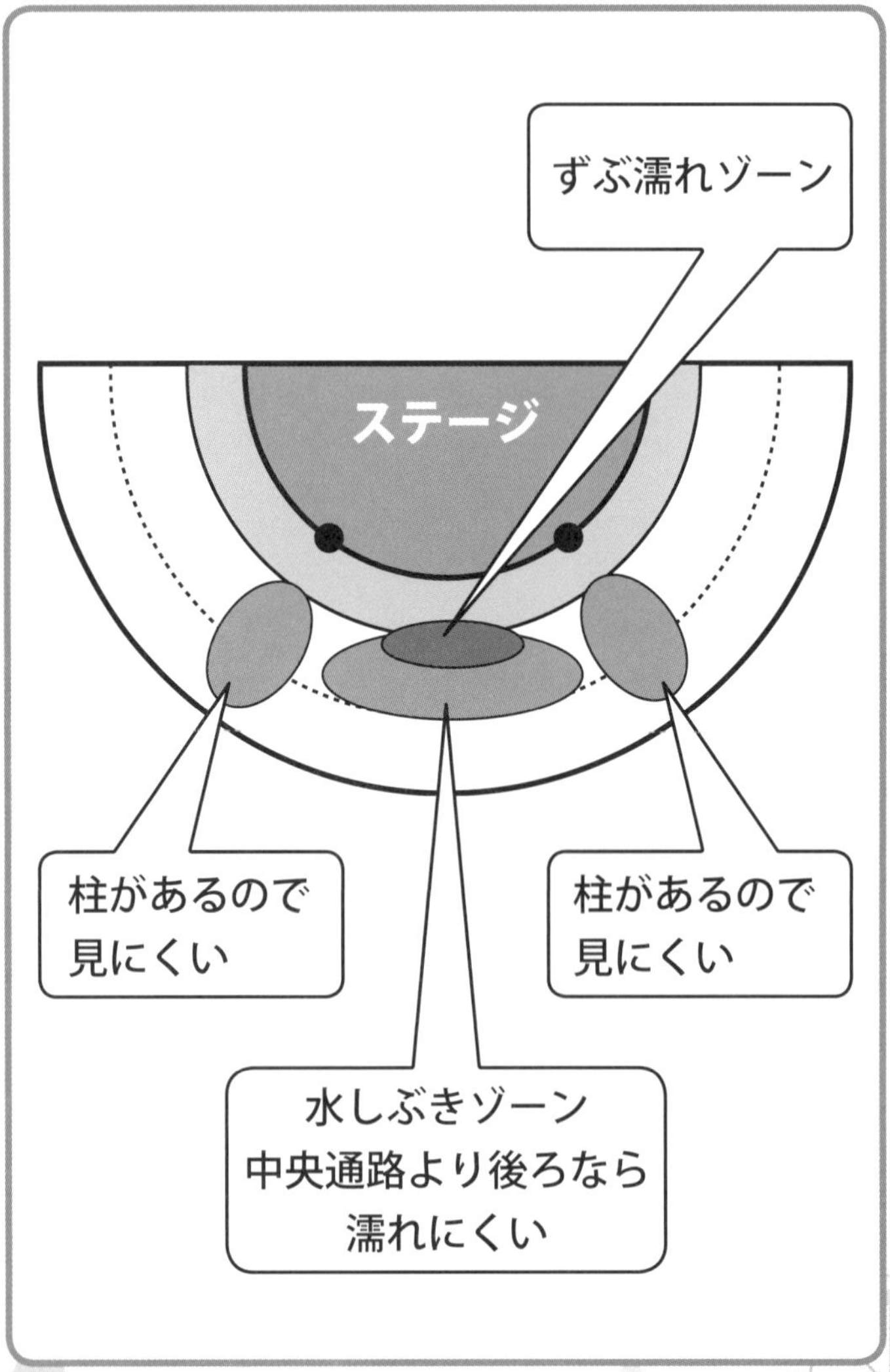

前説が終わると、声優の津嘉山正種さんによるナレーションが響き渡ります。彼は映画「ウォーターワールド」のテレビ放映版でも、マリナーの吹き替えを担当されているなど、この作品に深く関わっています。

本編の内容は割愛しますが、エンディングはショーに出演したキャストがステージに再び登場して、挨拶で締めくくります。毎回ではありませんが、ショー終了後にキャストたちが前方客席付近まで来ることがあります。

時間は短いですが、運が良ければ、お目当てのキャストと一緒に記念撮影できるかもしれないので、前方でスタンバイしておくことをおススメします。

★ アミティ・ビレッジ MAP ★

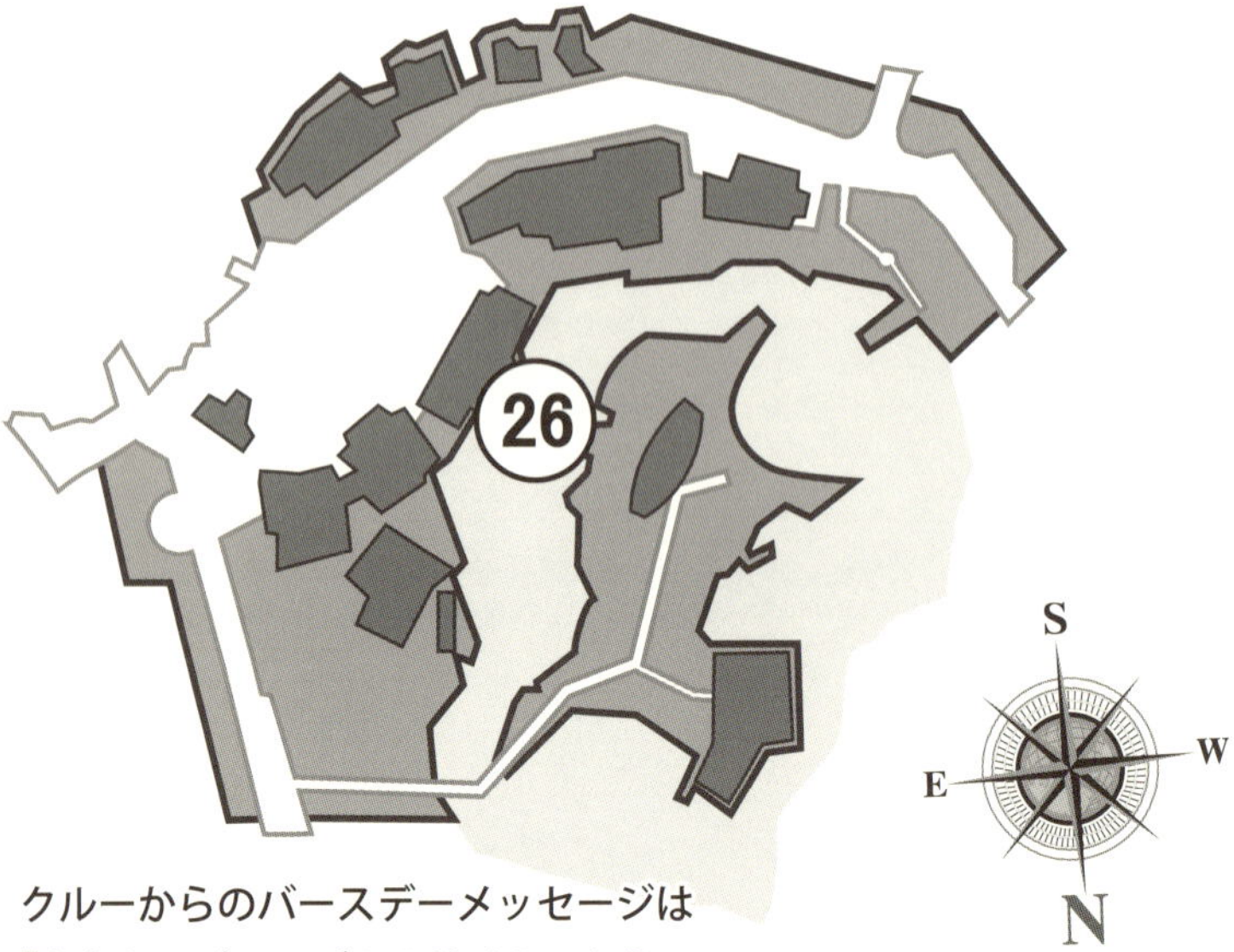

クルーからのバースデーメッセージは
「おたん"ジョーズ"、"サメ"でとう」。

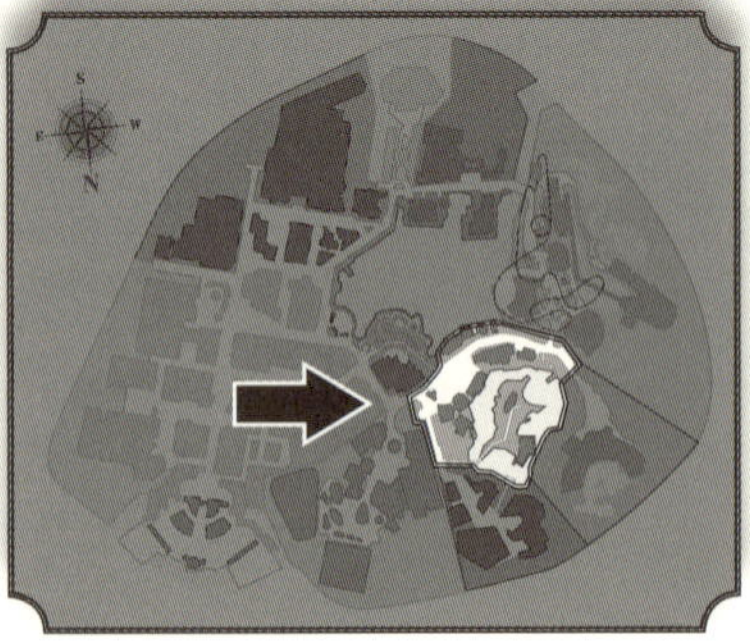

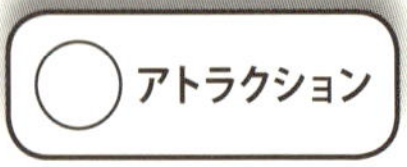

アトラクション&エンターテイメント・Attraction&Entertainment・游乐设施 & 表演

No.	アトラクション&エンターテイメント	Attraction&Entertainment	游乐设施 & 表演
26	ジョーズ	JAWS™	大白鲨™

JAWS™

TYPE ライド

㉖ ジョーズ

大白鯊™

混雑度 ★★★☆☆

ボートでめぐる観光ツアーは昼夜リピート乗船がおススメ！近づく白波に蘇る恐怖と襲いくる巨大ザメ

注目は観光ガイドとして同行する、クルーのトーク力にかかっています。この演技によって不安にさせられたり、コミカルに笑えたりといった変化が楽しめます。同伴者がいれば小さいお子さんも乗船可能ですが、暗闇や炎に襲いくるサメなど、恐怖を煽《あお》る演出が多いので泣き出してしまうかもしれません。ボートをしつこく襲ってくる人食いザメの出現頻度が高いおススメは**左側**。水濡れも必須です！

★ ウィザーディング・ワールド・オブ・ハリー・ポッターMAP ★

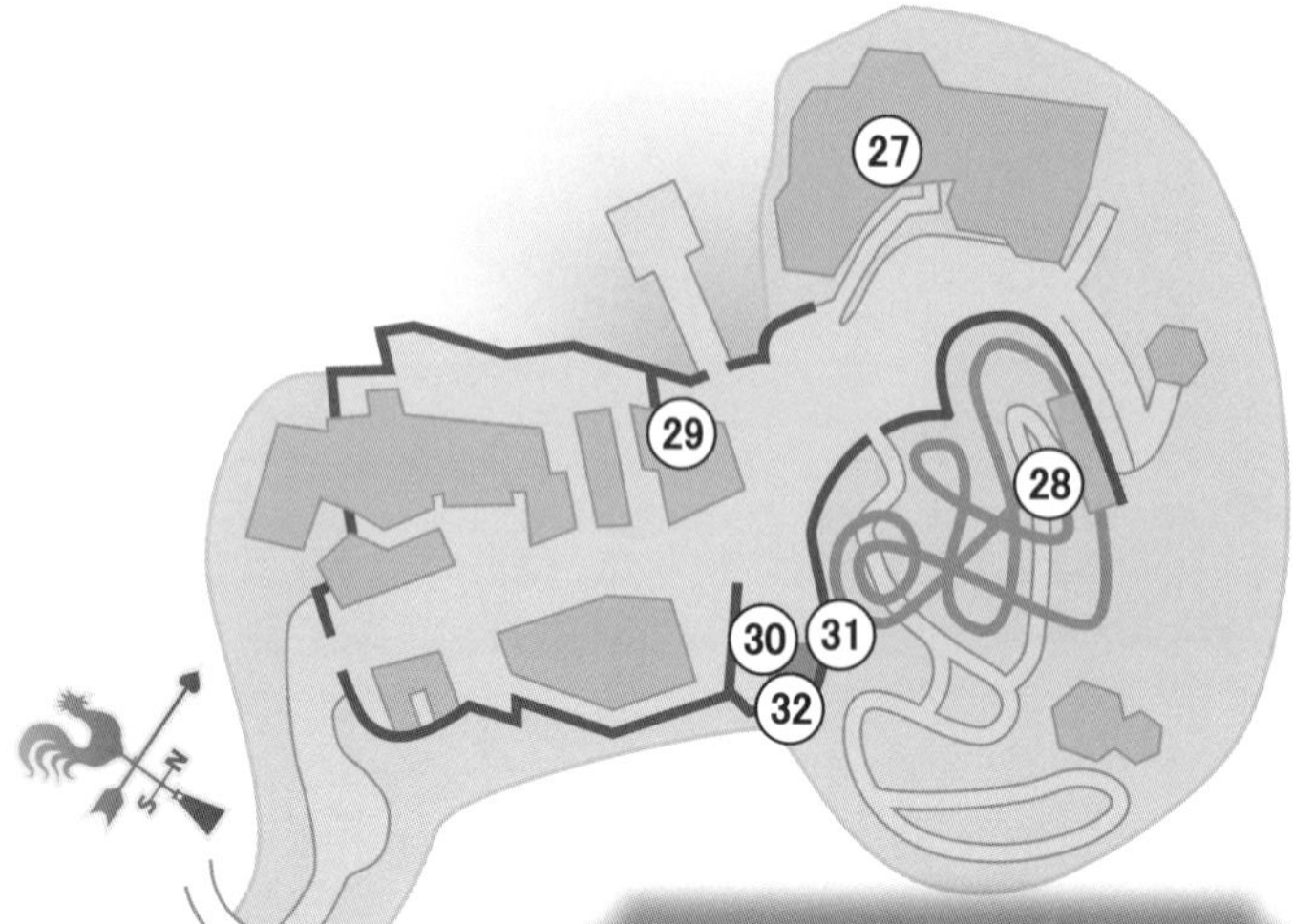

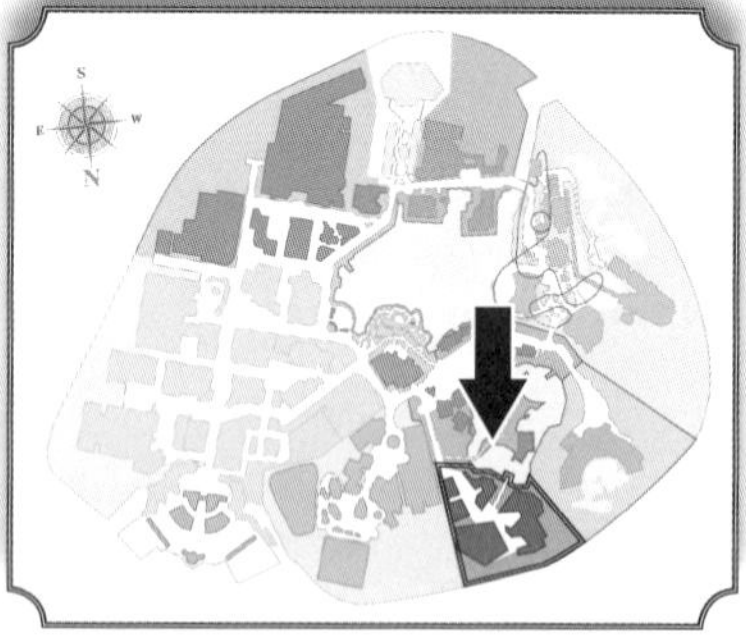

アトラクション&エンターテイメント・Attraction&Entertainment・游乐设施 & 表演

No.	アトラクション	Attraction	加演节目
27	ハリー・ポッター・アンド・ザ・フォービドゥン・ジャーニー	Harry Potter and the Forbidden Journey™	哈利波特禁忌之旅 ™
28	フライト・オブ・ザ・ヒッポグリフ	Flight of the Hippogriff™	鹰马的飞行 ™
29	ワンド・マジック	Wand Magic	魔杖魔法
30	ワンド・スタディ	Wand Studies	魔杖课程
31	フロッグ・クワイア	Frog Choir	青蛙圣歌队
32	トライウィザード・スピリット・ラリー	Triwizard Spirit Rally	哈利波特 ™ 三强赛

Harry Potter and the Forbidden Journey™ 哈利波特禁忌之旅™

TYPE ライド

㉖

ハリー・ポッター・アンド・ザ・フォービドゥン・ジャーニー

混雑度 ★★★★★

スタートから5年が経過した今でも超満員の人気ライド 3Dメガネ不要の4K映像は乗り物酔いのケア必須!?

ホグワーツ城内には「動く肖像画の廊下」や「ダンブルドアの校長室」、「闇の魔術に対する防衛術の教室」など、ハリー・ポッターの世界に浸《ひた》れる仕掛けがあちこちにあります。

ライド待ち状態のときさえも見どころ満載で楽しいのですが、じっくりと見学だけしたい場合は、**キャッスルウォーク**の利用をおススメします。ところで、このライドがスタートしたのは２０１４年7月15日ですが、それまでに何度もリニューアルされています。一時期は３Ｄメガネを着用したこともありましたが、現在は４Ｋ映像のため3Ｄメガネを廃止しました。

スタンバイ時間は全体を通して長い印象ですが、平日夜の、特に閉園間際は、ほぼ待たないで利用できることもあるので、混雑具合をマメにチェックしてみてください。

手荷物はロッカーに預けてからライドへと移動します。小物をポケットに入れておいたまま乗ることもできなくはありませんが、ライドの動きが激しいため、ものがこぼれ落ちることもあります。実際に私の友人もカードキーを落とした経験があるので、スマホなどもロッカーに預けておいたほうが無難です。ところで、**クモの森**のあたりで撮影ポイントがあります。タイミングは、ハーマイオニーによる「森は危険よ」のセリフの後。ホグワーツ城内は全体的に薄暗いですが、写真には姿がハッキリと写るので、買う買わないは別にして、フィルチの没収品店でフォトを確認してみてくださいね。

Flight of the Hippogriff™

TYPE ライド

㉘

フライト・オブ・ザ・ヒッポグリフ

鷹马的飞行™

混雑度 ★★★★☆

ホグワーツ城の番人が住むハグリッドの小屋にも注目
ハリポタの世界を空から堪能できて夜は大阪海岸の夜景も!?

ライドにたどり着くまでには、映画に出てきたカカシや手押し車が配置されたカボチャ畑やホグワーツの番人兼魔法生物飼育学の教授ハグリッドが住む小屋、空飛ぶバイクなどなど、見どころが多々あります。インスタ映えするポイントを見つけて、スタンバイに撮影を楽しんでみても良さげです。ところで、ライド自体はわずか2人席×8列の小さなコースターといえます。

そのため回転率が悪く、ときにはハリー・ポッター・アンド・ザ・フォービドゥン・ジャーニーよりも、スタンバイ時間が長くなるケースも珍しいことではありません。

ほかの絶叫ライドに比べるとスピードはいうほど早くなく、走行コースは短め。その一方で、足元は広くゆったり座れるので、風を感じながら優雅に景色を眺めることができそうです。

Wand Magic

TYPE ワンドアトラクション

29

ワンド・マジック

混雑度 ★☆☆☆☆

魔杖魔法

杖を手にホグズミード村であなたも魔法がかけられる
マジカル・ワンドを振うとき足元のメダリオン、方向注意

まずはオリバンダーの店などで、**マジカル・ワンド**と呼ばれる杖を購入しましょう。これを使えば、ホグズミード村で魔法をかけることができます。魔法体験できる場所は全部で6か所（左ページ一覧参照）。杖と一緒に付いてくるマップに指定された体験場所へ行き、タイミングよく杖を振れば魔法をかけることができます。ところでワンド・マジックは、小さなお子さんによる魔法成功率が高いように見受けられます。そのため、なかなか魔法を発動できない大人の方はお子さんの目線に合わせるなど、少し低い位置か屈んだ状態で杖を振ってみてください。

あと、杖のアクションは**右利き**の方が利用しやすいようになっているので、サウスポーで魔法が発動されない方は、杖を右手に持ち替えて、リトライしてみてくださいね。

＊魔法発動スポット＊

【1】
場所　ホグワーツ特急のトランク
呪文　『システム・アペーリオ』（箱よ、開け！）
効果　トランクが開く

【2】
場所　ホグズミード村の壁上の煙突
呪文　『インセンディオ』（燃えよ！）
効果　煙突から炎が上がる

【3】
場所　ダービッシュ・アンド・バングズのオルゴール
呪文　『アレスト・モメンタム』（動きよ、とまれ！）
効果　オルゴールが止まる

【4】
場所　ハニーデュークスの裏の小道
呪文　『メテオロジンクス』（雪よ、降れ！）
効果　雪が降る

【5】
場所　クディッチ用品専門店のショーウィンドー
呪文　『ウィンガーディアム・レビオーサ』（浮遊せよ！）
効果　クアッフルボールが浮く

【6】
場所　ヒッポグリフ出口付近のクィディッチの旗
呪文　『ヴェンタス！』（風よ！）
効果　旗がなびく

＊マジカルワンド（魔法の杖）リスト＊			
マジカルワンド			値段
キャラクター杖			
ハリー・ポッター			4,900円
ハーマイオニー・グレンジャー			4,900円
ロン・ウィーズリー			4,900円
アルバス・ダンブルドア			4,900円
シリウス・ブラック			4,900円
ヴォルデモート			4,900円
セブルス・スネイプ			4,900円
オリジナル杖	ひとこと説明	誕生日期間	
1月の聖樹　カバノキ	貯蔵エネルギーと再生	12月24～1月20日	4,900円
2月の聖樹　ナナカマド	守りの力で崇められる	1月21～2月17日	4,900円
3月の聖樹　トネリコ	エネルギーを引き寄せる	2月18日～3月17日	4,900円
4月の聖樹　ハンノキ	モノづくりに適する	3月18日～4月14日	4,900円
5月の聖樹　ヤナギ	自然災害からの守り	4月15日～5月12日	4,900円
6月の聖樹　サンザシ	素晴らしい防壁	5月13日～6月9日	4,900円
7月の聖樹　オーク	真実と知恵	6月10日～7月7日	4,900円
8月の聖樹　ヒイラギ	魔術的な治癒力と魔除け	7月8日～8月4日	4,900円
9月の聖樹　ハシバミ	知恵、保護、魔法の能力	8月5日～9月1日	4,900円
10月の聖樹　ブドウ	根気と再生	9月2日～9月29日	4,900円
11月の聖樹　ツタ	強靭な精神力、持久力、たゆまぬ忍耐力	9月30日～10月27日	4,900円
12月の聖樹　アシ	学問と知識	10月28日～11月24日	4,900円
13月の聖樹　ニワトコ	死と再生、負の影響からの保護	11月25日～12月23日	4,900円

★ ユニバーサル・ワンダーランドMAP ★

アトラクション

エルモのかぶりものをしていると、クッキーモンスターからツッコミが入ることもあります。

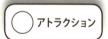

アトラクション&エンターテイメント・Attraction&Entertainment・游乐设施 & 表演

No.	アトラクション&エンターテイメント	Attraction&Entertainment	游乐设施 & 表演
33	フライング・スヌーピー	The Flying Snoopy	飞天史努比
34	スヌーピーのグレート・レース	Snoopy's Great Race™	史努比云霄飞车大竞赛 ™
35	スヌーピー・サウンド・ステージ・アドベンチャー	Snoopy Sound Stage Adventure™	史努比音效舞台历险记 ™
36	ハローキティのカップケーキ・ドリーム	Hello Kitty's Cupcake Dream	Hello Kitty 梦幻蛋糕杯
37	ハローキティのリボン・コレクション	Hello Kitty's Ribbon Collection	Hello Kitty 的丝带大收藏
38	エルモのゴーゴー・スケートボード	Elmo's Go-Go Skateboard	艾蒙的 Go-Go 滑板
39	モッピーのバルーン・トリップ	Moppy's Balloon Trip	莫比的气球之旅
40	セサミのビッグ・ドライブ	Sesame's Big Drive	芝麻街大兜风
41	アビーのマジカル・ツリー	Abby's Magical Tree	艾比的魔法树
42	ウォーター・ガーデン	Water Garden	亲水乐园
43	クッキーモンスター・スライド	Cookie Monster Slide	饼干怪兽的滑梯
44	アーニーのラバーダッキー・レース	Ernie's Rubber Duckie Race	厄尼的橡皮鸭大赛
45	ビッグバードのビッグトップ・サーカス	Big Bird's Big Top Circus	大鸟的大帐篷马戏团
46	エルモのリトル・ドライブ	Elmo's Little Drive	艾蒙小兜风
47	エルモのバブル・バブル	Elmo's Bubble Bubble	艾蒙的泡泡遨游
48	バートとアーニーのワンダー・ザ・シー	Bert and Ernie's Wonder - The Sea	伯特和厄尼的奇幻大海
49	グローバーのコントラクション・カンパニー	Grover's Construction Company	葛罗弗的建筑公司
50	ビッグバードのビッグ・ネスト	Big Bird's Big Nest	大鸟的大鸟巢
51	モッピーのラッキー・ダンス・パーティ	Moppy's Lucky Dance Party	莫比的幸运舞会
52	アビーのマジカル・パーティ	Abby's Magical Party	艾比的魔法派对
53	ワンダーランド・シーズンズ・ジョイ	Wonderland Season's Joy	环球奇境四季之趣

The Flying Snoopy

TYPE ライド

㉝ フライング・スヌーピー

飞天史努比

混雑度 ★★★★★

昼はスタンバイ時間が長めの傾向 よやくのりを活用するか夜を狙おう

スヌーピーの背中に乗って空を飛び、ピーナッツの仲間たちの周りを滑らかに旋回。レバーを上下に操作して高さを変えながら、飛べる工夫が凝らされています。動くスピードは早すぎず、座席に安全バーが取りつけられているので、お子さんや年配の方も安心して乗ることができます。

晴れた日の**混雑度はエリア内最大級**のため、スタンバイ時間短縮するには「よやくのり」の活用をおススメします。

Snoopy's Great Race™

TYPE ライド

㉞

スヌーピーのグレート・レース

史努比云霄飞车大竞赛™

混雑度 ★★★★☆

室内で楽しめるローラーコースター お子さん同士か親子で一緒に！

映画監督スヌーピーの指示により、ローラーコースターは室内の天井ギリギリまで上がり、そこから一気に駆け下りていきます。コースは短めで、ひねりや急降下はないので、ライド初心者のお子さんにもおススメできます。大人も利用できますが、設計がお子さん仕様なので足元は少し窮屈に感じるかもしれません。**コースの最後**に記念撮影スポットも。カメラ目線のポーズを忘れないようにしておきたいですね。

Hello Kitty's Cupcake Dream Hello Kitty 梦幻蛋糕杯

TYPE ライド

㊱ ハローキティのカップケーキ・ドリーム

混雑度 ★☆☆☆☆

クルクル回転かけるなら中央のハンドルを回そう
彩り豊かでオシャレなカップ、撮り方ひとつでインスタ映え

ハリウッド帰りのセレブなキティ、がゲストをカップケーキパーティにご招待。カップの中心にあるハンドルをまわせば回転スピードはアップしますが、体調がすぐれなければセーブすることをおススメします。

ひとつのカップに乗れる定員は最大5人。カップは全部で12台あるので、ほかのライドよりも**待たずに利用できる**ことが多いです。ひとりよりも家族や仲間と一緒に乗りたいアトラクションですね。

Hello Kitty's Ribbon Collection Hello Kitty 的丝带大收藏

TYPE ウォークスルー

37

ハローキティのリボン・コレクション

混雑度 ★☆☆☆☆

ファッションリーダー・キティによるリボン中心のデザイン・セレクション！ギャラリーを見学した後はキティとの記念撮影が待ってます！

はじめに代表者の名前を伝えるのは、キティからの**インビテーション**を受けとるため。彼女に呼ばれたい名前を考えておくのは楽しいかもしれませんね。キティのデザインしたハイヒールやハンドバッグなどにはリボンがそえてあります。ギャラリーは自分のペースで見学や撮影が可能。最後はキティと一緒に記念撮影できますが、クルーに自分のカメラを渡して撮ってもらうことはできません。

Elmo's Go-Go Skateboard

艾蒙的 Go-Go 滑板

TYPE ライド

㊳ エルモのゴーゴー・スケートボード

混雑度 ★★☆☆☆

エルモがナビゲートする
大きな大きなスケートボード！
動きはまるでブランコのようで
その上回転も加わり…

傍から見れば、ゆっくり動いているように見えますが、いざ乗ってみるとスリル要素が多々あるのでビックリしてしまうかもしれません。スライドのみならず回転も加わるので、動きが予想できずドキドキしちゃいます。小さなお子さんはモチロン、大人でも思わず叫んでしまうかも。爽快な風を感じつつ、エルモの**トーク**と**歌**に耳を傾けながら乗ってみてくださいね。

Moppy's Balloon Trip

TYPE ライド

39

モッピーのバルーン・トリップ

混雑度 ★★★★☆

莫比的气球之旅

バルーンのライドで遊覧飛行地上8mの高さからパークを一望
行列覚悟のアトラクションはよやくのりの活用で効率よく

セサミストリート・ファン・ワールドにひときわ目立つ、天高く浮かぶキュートな気球。柱をまわりをコーヒーカップのように360度回転しますが、ハンドルを操作することで、より回転をかけることができます。ただし、あまり回転させすぎると気持ち悪くなりやすいので気をつけましょう。

また、気球は4人乗りですが**8つしかなく**混雑するので「よやくのり」の活用をおススメします。

Sesame's Big Drive

TYPE ライド

㊵

セサミのビッグ・ドライブ

芝麻街大兜风

混雑度 ★★☆☆☆

小学生限定のゴーカートなのに本格仕様
コースはニューヨークにあるセントラル・パークを再現

セサミ・セントラルパークの一番奥にあるこちらのライドは**6歳〜12歳限定**のゴーカート。カートのデザインは全部で65種類もあり、好きな車体を選べます。外周140mのルートは右側通行で対向2車線。どちらもお好きなコースを選べます。

お子さん向けですが、カートの操作はアクセルとブレーキが備え付けられた本格仕様のため、まるで本物の車を運転してるかのようにも思えます。

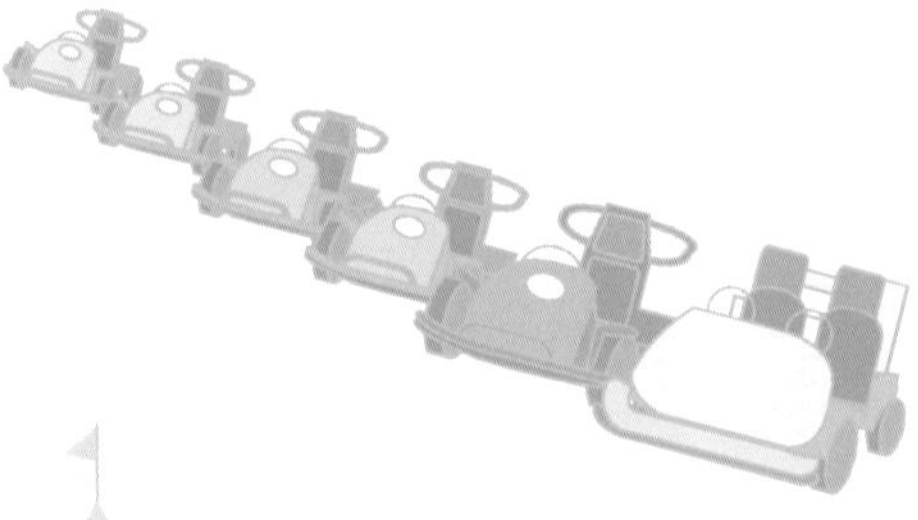

Big Bird's Big Top Circus

TYPE ライド

45

ビッグバードのビッグトップ・サーカス

大鸟的大帐篷马戏团

混雑度 ★☆☆☆☆

アニマルたちが大集結したにぎやかなメリーゴーランド
適度な速度で大人も満足でき待ち時間が短いのは嬉しい

セサミストリートのビッグバードが団長を務めるサーカスには、アニマルたちのメリーゴーランドがいっぱい。

13種類71台あるライドうち、7台はセサミストリートのキャラクター。スタンバイしているときから、あらかじめ乗りたいライドに目星をつけておきましょう。**緑のテープ**が目印のベンチシートは上下に動かないので、激しい動きが苦手な方や、同伴者がいる赤ちゃんにもおススメです。

Elmo's Little Drive

TYPE ライド

⑥ エルモのリトル・ドライブ

艾蒙小兜风

混雑度 ★★☆☆☆

未就学児だけが乗れるカンタン操作のゴーカート
アクセルから足を離すだけでブレーキなくても止まります

こちらは本格的で対象年齢もやや高めの「セサミのビッグ・ドライブ」とは違い、**3歳～5歳が対象**のため、大人が利用できません。ハンドルとアクセルのみのシンプルな操作のため小さなお子さんでも簡単にドライブ体験ができます。保護者の見学はコース周りの柵越しから可能です。

なお、傍に動かないゴーカートが2台置かれており、対象年齢未満の赤ちゃんでも、ここで試乗や記念撮影することができます。

Elmo's Bubble Bubble

TYPE ライド

㊼

エルモのバブル・バブル

艾蒙的泡泡遨游

混雑度 ★★★☆☆

ボートに乗って急流すべり親子の絆が深まりそう
絶叫初心者にも安心のレベル！　大人同士は一緒に乗れない

急流すべりは、親子の絆をさらに深めるすぐれもの。エルモの親友、金魚のドロシー型のボートに乗って、ぷかぷかとシャボン玉の川を優雅にクルージング。

最後のほうに**スライドするポイント**があるものの、水に濡れることはほとんどありません。ライドは1台に前後2人乗りで、前に座れるのは小さなお子さんのみ。大人は後部座席にしか座れません。

コラム２

カーニバルゲームコーナーで景品ゲットできるコツのお話

「カーニバルゲーム」のイチ押しはコインピッチ。コインが３０枚もあるので、チャレンジ回数がほかのゲームよりも多いためです。しかし、ダイレクトにガラスのお皿を狙ってもコインは弾き返されてしまうので、放物線を描くようなイメージでトライしてみてください。

「コブレット」は運要素が強いです。青色の穴に入っても景品はもらえず、球数が２つ増えるだけなので、赤か黄色の穴を狙うしかありません。

「ミニオン・スペース・キラー」のチャレンジ回数は４回。バズーカ―で、１度でも６つすべての缶を落とせばゲーム成功ですが、中心を狙うとスプリット現象を起こし、両サイドの缶が残ってしまいます。少し左右にズラしたところへ焦点をしぼり、缶の下段と中段の間あたりを狙ってみてください。

「バナナ・カバナ」はチャンスが５回あるので、ココナッツが正面に来る前のタイミングでハンマーを使ってピンを叩き、バナナをココナッツに入れましょう。ハンマーを叩くときの力加減は個人差があるので、バナナの飛び具合によって調整してみてください。

「ワンダー・ホイール」はガラスの上にボールを転がし、下段の穴に落ちないように回転しているＷＩＮのポケットを狙うゲームですが、他のゲームに比べると難易度高いです。下段の穴に落ちないようにするには、両サイドの端から壁沿いにボールを転がしましょう。

「ビンゴ・ビンゴ」は、タテ・ヨコ・ナナメにボールが一列にそろえばゲーム成功ですが、手前の青色「Ｂ」の位置にはボールが入りません。弱めにボールを転がして中心の赤色「Ｂ」を狙いましょう。ボールを強く転がすと奥のアウトゾーンに落ちてしまいます。

Universal Studios Japan　Chapter 3

食べ歩きから土産まで

ショップ＆レストラン情報

★ハリウッド・エリアMAP★

郵便はがき

お手数ですが
62円分切手を
お貼りください

171-0021

東京都豊島区西池袋５丁目26番19号
陸王西池袋ビル４階

KKベストセラーズ
書籍編集部行

おところ 〒

Eメール　@　TEL　（　）

（フリガナ）
おなまえ

年齢　歳
性別　男・女

ご職業
会社員
公務員
教　職（小、中、高、大、その他）
無　職（主婦、家事、その他）
学生（小、中、高、大、その他）
自営
パート・アルバイト
その他（　）

愛読者カード

このハガキにご記入頂きました個人情報は、今後の新刊企画・読者サービスの参考、ならびに弊社からの各種ご案内に利用させて頂きます。

●本書の書名

●お買い求めの動機をお聞かせください。
1. 著者が好きだから　2. タイトルに惹かれて　3. 内容がおもしろそうだから
4. 装丁がよかったから　5. 友人、知人にすすめられて　6. 小社HP
7. 新聞広告（朝、読、毎、日経、産経、他）　8. WEBで（サイト名　　　　）
9. 書評やTVで見て（　　　　）　10. その他（　　　　）

●本書について率直なご意見、ご感想をお聞かせください。

●定期的にご覧になっているTV番組・雑誌もしくはWEBサイトをお聞かせください。
（　　　　）

●月何冊くらい本を読みますか。
（　　　　冊）

●本書をお求めになった書店名をお聞かせください。
（　　　　）

●最近読んでおもしろかった本は何ですか。
（　　　　）

●お好きな作家をお聞かせください。
（　　　　）

●今後お読みになりたい著者、テーマなどをお聞かせください。

ご記入ありがとうございました。著者イベント等、小社刊行書籍の情報を書籍編集部HP ほんきになるWEB（http://best-times.jp/list/ss）にのせております。ぜひご覧ください。

ショップ&レストラン情報

ショップ・SHOP・店

No.	ショップ	SHOP	店
1	スタジオギフト・イースト	Studio Gifts East	影城纪念品店东部
2	スタジオギフト・ウェスト	Studio Gifts West	影城纪念品店西部
3	バックロット・アクセサリー	Backlot Accessories	外景棚装饰品店
4	ユニバーサル・スタジオ・ストア	Universal Studios Store	环球影城百货商店
5	ビバリーヒルズ・ギフト	Beverly Hills Gifts	比佛利山庄纪念品店
6	ロデオドライブ・スーベニア	Rodeo Drive Souvenirs	罗帝欧大道礼品屋
7	カリフォルニア・コンフェクショナリー	California Confectionery	加州糖果饼干店
8	キャラクターズ・フォー・ユー	Characters 4 U	卡通人物 4U
9	ピーナッツ・コーナーストア	Peanuts Corner Store	花生专区商店
10	イッツ・ソー・フラッフィ！	It's Soooo Fluffy ！	正是弗拉菲!
11	スタジオスタイル	Studio Style	影城风格
12	ダークルーム	The Darkroom	摄影屋
13	ハローキティ・デザインスタジオ	Hello Kitty Design Studio	Hello Kitty 的设计工作室
14	ハリウッド・パーティ	Hollywood Party	好莱坞派对
15	シネマ 4-D ストア	Cinema 4-D Store	4-D 电影商品屋
16	スペース・ファンタジー・ステーション	Space Fantasy Station	夢幻太空車站
17	イルミネーション・スタジオ・ストア	Illumination Theater Store	照明剧场商店
18	バルーン	Balloons	气球
19	年間パス・センター	Annual Passport Center	年度护照中心

レストラン・RESTAURANT・餐厅

No.	レストラン	RESTAURANT	餐厅
1	ビバリーヒルズ・ブランジェリー	Beverly Hills Boulangerie™	比佛利山庄法式咖啡 ™
2	ピンクカフェ	Pink Café	粉红咖啡
3	メルズ・ドライブイン	Mel's Drive-In™	梅儿兹餐厅 ™
4	スタジオ・スターズ・レストラン	Studio Stars Restaurant™	工作室明星餐厅 ™

スタジオギフト・イースト

Studio Gifts East

影城纪念品店东部

DATA

●グッズ
●クレジットカードOK
●ホームデリバリーサービスを併設

エントランスに向かって左手に見えるお店が「スタジオギフト・イースト」。パーク外のショップで、少しでも早く入園して目的のアトラクションへ向かう方が多いので、素通りしがちですが、急いでいなければ、入園前にざっと見ておいた方がいいスポットです。もし買いそびれてしまったアイテムがあっても、ここで購入できるかも。**ホームデリバリー**サービスもここに併設されているので、荷物が多くなったら、ここで配送を頼もう。

スタジオギフト・ウエスト

Studio Gifts West

影城纪念品店西部

DATA

●グッズ
●クレジットカードOK

エントランスを入って右手に見えるお店が「スタジオギフト・ウェスト」。エントランスを入ると、やや右後ろに位置するため、気づかずに通り過ぎてしまう人も多いスポット。品ぞろえはパークの定番商品が主ですが、外国人旅行者対象の**免税サービス**を取り扱っているということもあり、夕方以降は数多くの外国人観光客が列をなしていることが多いです。そのため日本人の方は、できれば別のお店を利用することをおススメします。

バックロット・アクセサリー

Backlot Accessories　外景棚装饰品店

DATA
●グッズ
●クレジットカードOK

エントランスを入ってすぐ目の前に見えるお店が「バックロット・アクセサリー」。カチューシャや、ポンチョなど、ユニバキャラクターの身につけるタイプのアイテムがたくさん揃っています。

特に女の子の**シュシュ**などが豊富なので、キャラクター好きな女子にはたまらないお店です。まずこのお店でドレスアップしてからパークを楽しむもよし、パークを楽しんだ余韻をアクセサリーで満たすもよしです。

楽

ユニバーサル・スタジオ・ストア

Universal Studios Store　环球影城百货商店

DATA
●グッズ
●クレジットカードOK

ハリウッド・エリアに入って左手に見えるお店が「ユニバーサル・スタジオ・ストア」。**パーク内最大規模**のショップで、おみやげ選びには最適です。

主にTシャツやキーホルダー、おもちゃなどのグッズがラインナップされています。このお店をざっと眺めるだけでもパーク全体のアイテムが揃いますので、各エリアのグッズを見比べながら購入することができます。ただし閉園間際は混雑するので注意しましょう。

ビバリーヒルズ・ギフト

DATA
●グッズ
●クレジットカードOK

　ハリウッド・エリアに入ってすぐ右手にみえるお店が「ビバリーヒルズ・ギフト」。ここはシーズン限定品や最新グッズなど**旬のアイテム**を展開してるだけでなく、ハリー・ポッター関連のグッズも多く扱っています。そのため、おみやげを買い忘れてもここで買えるので安心してください。クルーにお願いすればおみやげ用の小分け袋もいただけます。閉園間際までオープンしているので、帰りにふらっと立ち寄ってみよう。

Beverly Hills Gifts　比佛利山庄纪念品店

ロデオドライブ・スーベニア

DATA
●グッズ
●クレジットカードOK

　ハリウッド・エリアの大屋根の下、北西のかどにあるお店が「ロデオドライブ・スーベニア」。ここは定番のキーホルダーや携帯ストラップなどの小物とセサミストリート、スヌーピーなどのぬいぐるみやステーショナリーが充実しています。隣接している「ビバリーヒルズ・ギフト」、「カリフォルニア・コンフェクショナリー」と店内で**つながっている**ので、もし買い忘れたものがあれば、ここに行くと便利ですよ。

Rodeo Drive Souvenirs　罗帝欧大道礼品屋

カリフォルニア・コンフェクショナリー

California Confectionery　加州糖果饼干店

DATA
- フード
- クレジットカードOK

ハリウッド・エリア中央の交差点をセントラル・パーク方面へ向かってすぐ右手にあるお店が「カリフォルニア・コンフェクショナリー」。ここはパーク内にある**お菓子**がほとんどそろう日本最大級のお菓子の専門店です。キャラクターだけでなく、アトラクションのお菓子やイベントやインスタント麺など、フード系はこちらを押さえておけば大丈夫です。ただしパレード中はお店の前が大混雑するので、入るのも大変です。

キャラクターズ・フォー・ユー

DATA
- グッズ
- クレジットカードOK

エントランスから進んで、ハリウッド・エリアの交差点、右手奥にあるお店が「キャラクターズ・フォー・ユー」。ここは**セサミストリート**の専門店ですので、セサミストリート関連のぬいぐるみやTシャツなどのお土産が豊富にラインナップされています。エントランス方面から入園する、エントランス方面へ戻る、どちらの場合も、通りの向こう側を利用することが多いので、うっかり通り過ぎてしまわないようにしましょう。

Characters 4 U　卡通人物 4U

イッツ・ソー・フラッフィ！

正是弗拉菲！

It's Soooo Fluffy!

DATA
- グッズ
- クレジットカードOK

ハリウッド・エリアとセントラル・パークを結ぶ通りの中でひときわ目立ったお店が「イッツ・ソー・フラッフィ！」。

映画『怪盗グルー』シリーズに登場する三姉妹の末っ子、アグネスがいつも持ち歩く**ユニコーン**のぬいぐるみ「フラッフィ」の専門店です。ぬいぐるみはもちろん、カチューシャやTシャツ、パーカーにマグカップなど、ここだけ限定の可愛らしいグッズは女性に大人気です。ミニオン・パークではないので注意しよう。

ピーナッツ・コーナーストア

花生专区商店

Peanuts Corner Store

DATA
- グッズ
- クレジットカードOK

スヌーピーたちが活躍するコミック『ピーナッツ』の世界が広がるお店が「ピーナッツ・コーナーストア」。

ハリウッド・エリアからセントラル・パークに向かってすぐ左手にあるお店で**白い外観**が特徴的です。店内はまるで英字新聞のようなイメージのモノトーンで統一。ここしか手に入らないレアなぬいぐるみやTシャツなどのおみやげがそろいます。スヌーピー好きなら、絶対はずせないお店です。

楽

スタジオスタイル

Studio Style　影城风格

DATA
- ●グッズ
- ●クレジットカードOK

店頭で遊んでいる**ミニオン**たちが目印のお店が「スタジオスタイル」。

ハリウッド・エリア内にあるミニオンの専門店になります。ミニオン・パークまで行かなくてもこのお店で定番のミニオングッズをそろえることができますが、入り口が奥まっているので、入り口に気づかず、ウィンドウショッピングだけで通り過ぎてしまうことも。隣にある「イッツ・ソー・フラッフィ！」と合わせて、ぜひ立ちよってみてください。

ダークルーム

The Darkroom　摄影屋

DATA
- ●グッズ
- ●クレジットカードOK

黒い外観が特徴の「ダークルーム」。よく見ると**カメラがモチーフ**になっている店構えであることがわかります。

ここではパークで唯一「トランスフォーマー」に関連するグッズが購入できるお店になります。Tシャツやキーホルダー、マグカップなどの他、フィギュアなどもあり、トランスフォーマーが好きな人はぜひ寄ってくださいね。

また、ユニバーサル映画に関連した限定グッズも取り扱っています。

シネマ4-Dストア

Cinema 4-D Store　4-D电影商品屋

DATA
- グッズ
- クレジットカードOK

ハリウッド・エリアにある十字路をニューヨーク・エリアに向かって進んだ左側に「シネマ4ーDストア」があります。「セサミストリート4ーDムービーマジック」や「シュレック4ーDアドベンチャー」を楽しんだ観客がそのままこのお店に入ってくるので、ショーの終了直後の店内は意外と混雑しています。

セサミストリートや**シュレック**に関連したグッズや、ショップ限定グッズもあるので、ぜひ覗いてみてくださいね。

ハリウッド・パーティ

Hollywood Party　好莱坞派对

DATA
- グッズ
- クレジットカードOK

ハリウッド・エリアのアトラクションに「ユニバーサル・モンスター・ライブ・ロックンロール・ショー」がありますが、この出口に「ハリウッド・パーティ」があります。

カチューシャやキャラクターのかぶりものなど、身につけるグッズが中心で、好きなキャラクターに変身してパークを楽しむのに最適です。このお店の前のエリアは、夜のパレードの時間中は非常に混雑します。ご利用はお早めに！

イルミネーション・シアター・ストア
Illumination Theater Store　照明剧场商店

DATA
●グッズ
●クレジットカードOK

セントラルパークからニューヨーク・エリアに向かって進んですぐ左手に「イルミネーション・スタジオ・ストア」があります。こちらのショップは2019年4月18日にオープンした新アトラクション「SING ON TOUR」と同時にオープンした最新のショップで、**SING**関連のグッズを取りそろえることができます。外観がシンプルですっきりとした店構えが特徴。周りにお店が少ないので、わかりやすいです。

スペース・ファンタジー・ステーション
Space Fantasy Station　夢幻太空車站

DATA
●グッズ
●クレジットカードOK

ハリウッド・エリアの交差点から南に進んで、ニューヨーク・エリアに入る手前にあるお店が「スペース・ファンタジー・ステーション」です。

スヌーピーなど人気キャラクターの耳付きカチューシャなど、身につけるグッズが豊富です。ユニバオリジナルキャラクターの**「サンフェアリー」**グッズが買える唯一のショップでもあります。「スペース・ファンタジー・ザ・ライド」を楽しんだ後に、のぞいてみてくださいね。

Beverly Hills Boulangerie™ 比佛利山庄法式咖啡 ™

ビバリーヒルズ・ブランジェリー

DATA

- **レストラン**
- **営業時間・8：30～21：00（日によって変動、詳細は公式ＨＰ）**
- **クレジットカード有**
- **アルコール有**

「ビバリーヒルズ・ブランジェリー」はビバリーヒルズの街角にあるフレンチスタイルのカフェをモチーフにしたおしゃれなお店です。品ぞろえはドリンクの他、サンドウィッチやケーキなどのスイーツが中心。席数が比較的多く、ファミリーやグループでの休憩や相談をするのに適しています。また店内にはアールヌーボー様式で有名な**アルフォンス・マリア・ミュシャ**のポスターのレプリカが展示されています。

ピンクカフェ

DATA

- **ファストフード**
- **営業時間・13：00～18：00（詳細は公式ＨＰで確認してください）**
- **クレジットカード有**
- **アルコール有**

ハリウッドに実在したショップが元になっているお店で、ショッキングピンクで彩られた外観が特徴的な「ピンクカフェ」。

大人気キャラクター「ミニオン」をモチーフにしたスイーツや、**タピオカドリンク**、アイスクリームを中心に販売しています。店内だけでなく店頭にもピンクで統一された席が用意されていますので、カラフルなドリンクやフードとともに「**インスタ映え**する」と女性に大人気です。

Pink Café 粉红咖啡

スタジオ・スターズ・レストラン

Studio Stars Restaurant™　工作室明星餐厅™

DATA
- **レストラン**
- **営業時間・11：00〜19：30（詳細は公式HPで確認してください）**
- **クレジットカード有**
- **アルコール有**

ハリウッド・エリアの交差点から南に下ってニューヨーク・エリアの手前で右手に見えるレストランが「スタジオ・スターズ・レストラン」。こちらではメインディッシュ5種類の中から一つ、副菜を8種類の中から一つ選ぶカフェテリアスタイルです。

ミニオンや**おさるのジョージ**のデザートメニューも楽しめます。お子さん向けのメニューが充実しているので、ファミリーで楽しめるタイプのレストランとなっています。

メルズ・ドライブイン

Mel's Drive-In™　梅儿兹餐厅™

DATA
- **ファストフード**
- **営業時間・10：00〜20：00（詳細は公式HPで確認してください）**
- **クレジットカード有**
- **アルコール有**

ハリウッド・エリアの交差点を西に向かってつきあたりまで進んだ左手に「メルズ・ドライブイン」があります。1950年代の**「アメリカン・グラフィティ」**の世界を再現しており、お店の外にはアメ車がずらりと並んでいます。文字通りドライブインの雰囲気満点なレストランです。こちらではアメリカンサイズのボリューミーなハンバーガーを楽しむことができますが、お子さん向けも用意されていますので、ご安心を。

★ニューヨーク・エリアMAP★

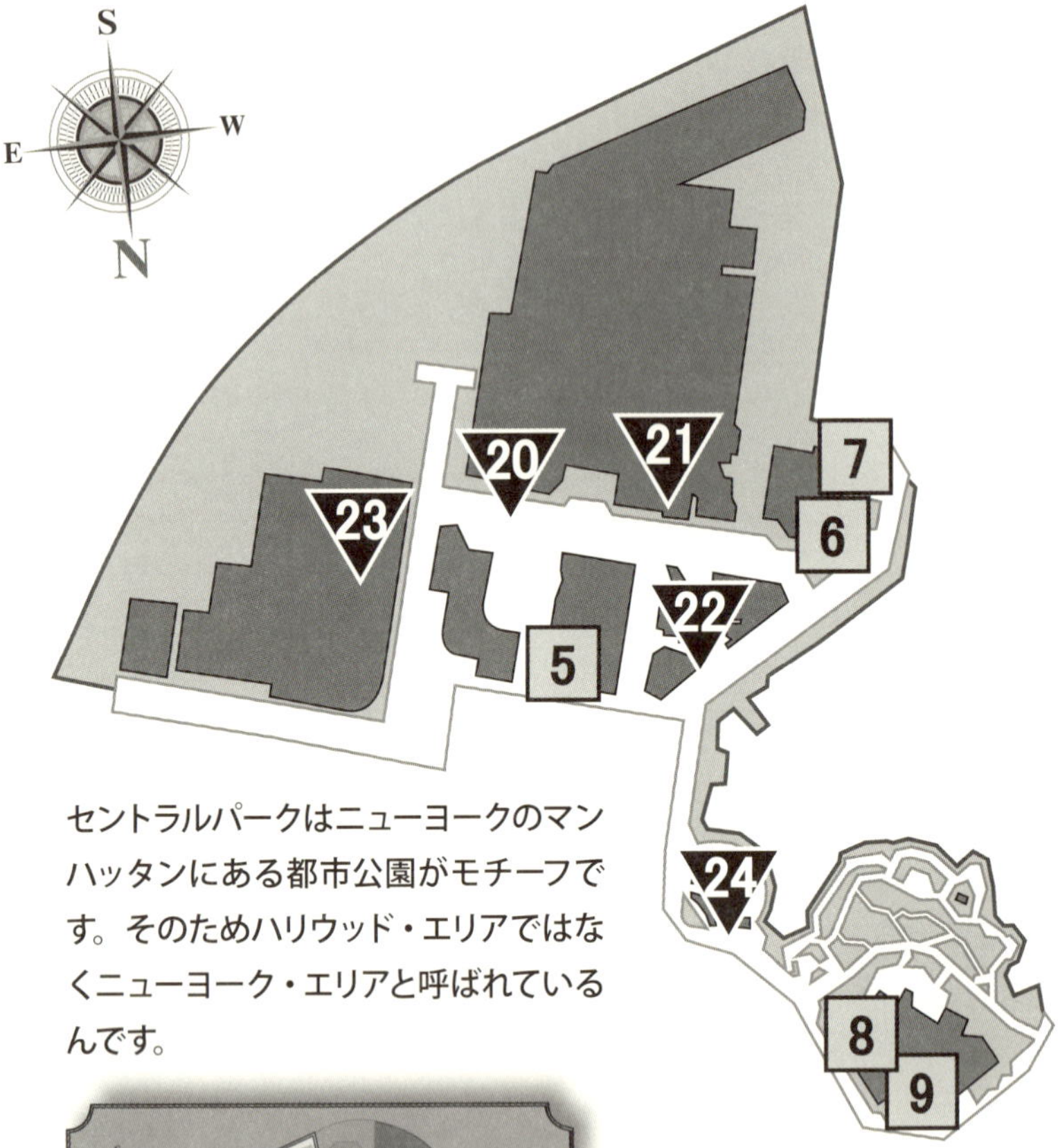

セントラルパークはニューヨークのマンハッタンにある都市公園がモチーフです。そのためハリウッド・エリアではなくニューヨーク・エリアと呼ばれているんです。

ショップ・SHOP・店

No.	ショップ	SHOP	店
20	アメージング・スパイダーマン・ストア	THE AMAZING SPIDER-MAN STORE	蜘蛛侠纪念品店
21	アメージング・スパイダーマン・ザ・ライド・フォト	The Amazing Spider-Man The Ride Photo	蜘蛛侠列車照相館
22	アメージング・スパイダーマン・フォト・オポチュニティ	The Amazing Spider-Man Photo Opportunity	神奇蜘蛛侠的好机会照相屋
23	ユニバーサル・スタジオ・スーベニア	Universal Studios Souvenirs	环球影城纪念品店
24	フェスティバル・イン・ザ・パーク	Festival In The Park	园区内庆典活动

レストラン・RESTAURANT・餐厅

No.	レストラン	RESTAURANT	餐厅
5	フィネガンズ・バー&グリル	Finnegan's Bar & Grill™	芬尼根斯酒吧 & 烧烤 ™
6	ルイズ N.Y. ピザパーラー	Louie's N.Y. Pizza Parlor™ (1st floor)	路易斯纽约比萨饼铺 ™
7	SAIDO™	SAIDO™	彩道 ™
8	パークサイド・グリル	Park Side Grille™	园畔烧烤 ™
9	アズーラ・ディ・カプリ	Azzurra di Capri	阿珠拉·提·卡普利

並ばずに楽して食事ができる方法
レストラン優先案内サービス～ Priority Seating ～

食事の時間帯はレストランでも人気アトラクションなみに行列ができるほど、混雑が予想されます。アトラクションは、Eパスやよやくのりを利用して待ち時間を短縮できますが、レストランにも時間を上手に活用できる方法があるんです。

対象店舗はパークサイド・グリル、アズーラ・ディ・カプリ、フィネガンズ・バー&グリル、ＳＡＩＤＯ。いずれもニューヨーク・エリアにある人気レストランです。利用1か月前からＷｅｂ予約できますが、当日でも空きがあれば予約可能。対象レストラン前にいるクルーに声をかけ、このサービスを利用したい旨を伝えればＯＫ。予約時間に最前列に案内され、席が空き次第、すぐに利用できます。このサービス、席が確保されるものではありませんが、並ぶよりは断然、スムーズにレストランへ入れますので、活用してみてくださいね。

THE AMAZING SPIDER-MAN STORE 蜘蛛侠纪念品店

アメージング・スパイダーマン・ストア

DATA
●グッズ
●クレジットカードOK

スパイダーマングッズは、ニューヨーク・エリアにある「アメージング・スパイダーマン・ストア」で購入できます。

このお店は、スパイダーマンの世界を体感できるアトラクション「アメージング・アドベンチャー・オブ・スパイダーマン・ザ・ライド4K3D」の出口に直結していて、Tシャツやキーホルダーなどの定番グッズのほか、お土産用のラーメン**「すぱいだぁ麺」**には、スパイダーマン顔のナルトが入っていて、大人気です。

ユニバーサル・スタジオ・スーベニア

DATA
●グッズ
●クレジットカードOK

ユニバは広くて、エリアごとにお土産店があって「どこで何を買えばいいの？」と迷ってしまうことも多いと思います。そんなときはニューヨーク・エリアにある「ユニバーサル・スタジオ・スーベニア」をのぞいてみてください。

ここはユニバのお土産をカテゴリー別の**売れ筋ランキング**で販売しています。お菓子はミニオンのクッキー、Tシャツはエルモなどが人気。外国人旅行者が対象の免税サービスもあります。

Universal Studios Souvenirs 环球影城纪念品店

フェスティバル・イン・ザ・パーク

DATA

●カーニバルゲーム

「フェスティバル・イン・ザ・パーク」では、バケツにボールを入れる「タブ・トス」、ボールを色の付いた穴に入れる「ゴブレット・ロブ」、ボールを投げてピンを3本落とす「アン・ボール」、ボールをバスケットゴールに入れる「クレイジーカーニバル」の4種類のゲームを楽しむことができます。

通常1回1000円ですが、マルチチョイスチケットでは、**4000円で5回**、チャレンジできます。得

Festival In The Park　园区内庆典活动

フィネガンズ・バー&グリル

DATA

●テーブルサービス ●営業時間・11：00～19：30（詳細は公式HPで確認してください） ●クレジットカード有 ●アルコール有 ●低アレルゲンメニューあり

ニューヨークのブルックリンにあるアイリッシュ・パブがモチーフ、ビールやカクテルメニューがパーク内で一番豊富なレストランが「フィネガンズ・バー&グリル」です。カウンター・バーが併設されていて、お酒を飲みながら名物の大きなタマネギを丸ごとフライにした**「オニオンブロッサム」**を楽しめます。この美味しいソースはおかわり自由。食事やデザートも充実しているので、家族連れやカップルにもおススメです。

Finnegan's Bar & Grill™　芬尼根斯酒吧 & 烧烤 ™

SAIDO

DATA

- ●テーブルサービス
- ●営業時間・11：00～15：00（日によって変動、詳細は公式HP）
- ●クレジットカード有
- ●アルコール有 ●低アレルゲンメニューあり

　パーク内でお寿司やおうどん、天ぷらといった**本格的な和食**が食べられるレストランが「彩道（SAIDO）」です。ニューヨーク・エリアからミニオン・パークに向かう左手にあります。マンハッタンのアパートメントを外観に持つ、スタイリッシュな建物で入口付近の「彩道」と書かれた赤いタペストリー（旗）が目印です。この2階がレストランになっていますので、階段かエレベーターで2階に上がります。

ルイズN・Y・ピザパーラー

DATA

- ●カフェテリアスタイル
- ●営業時間・9：30～20：00（詳細は公式HPで確認してください）
- ●クレジットカード有
- ●アルコール有 ●低アレルゲンメニューあり

　ニューヨーク・エリア、リトルイタリーの一角にある「ルイズN・Y・ピザパーラー」はピザ専門店。店内は映画「ゴッドファーザー」をモチーフに作られていて、とっても良い雰囲気。ここではピザのセットがおススメで、ポテトとドリンクが付いたマルゲリータや**ペパロニ**が食べられます。またミニオンをモチーフにしたソフトドリンクやスイーツも販売されていますので、家族連れでも楽しむことができます。

Louie's N.Y. Pizza Parlor™ 路易斯纽约比萨饼铺 ™

アズーラ・ディ・カプリ

阿珠拉・提・卡普利

Azzurra De Capri

DATA
●テーブルサービス
●営業時間・11：00～19：00
（日によって変動、詳細は公式HP）
●クレジットカード有
●アルコール有　●低アレルゲンメニューあり

「アズーラ・ディ・カプリ」は、ピッツァとパスタのイタリアンレストランです。イタリアの**青の洞窟**をイメージしたお店で、店内の石窯で焼かれた本格的なピッツァを食べられるのはここだけ。屋内席と屋外席がありますので、天気の良い日は屋外で食べるのも良いですね。ランチ時間を過ぎた午後2時くらいになると、不定期でちょっとお得なメニューが出ることも！　お店の立て看板をチェックしてみてくださいね。

得

パークサイド・グリル

園畔焼烤™

Park Side Grille™

DATA
●テーブルサービス
●営業時間・11：30～19：00
（日によって変動、詳細は公式HP）
●クレジットカード有
●アルコール有　●低アレルゲンメニューあり

「パークサイド・グリル」は**熟成肉**を提供する本格的ステーキ・ハウスです。お肉は、アンガスビーフCAB認定（サーティファイド・アンガスビーフ）を使用しています。少し値は張りますが、やわらかくジューシーなお肉のうまみを堪能することができます。
少し贅沢ですが特別な日のお食事に、自分へのご褒美にいかがでしょうか？　もちろんお肉だけでなく、ロブスターや地鶏、サーモンなどのグリルメニューもあります。

★ミニオン・パークエリアMAP★

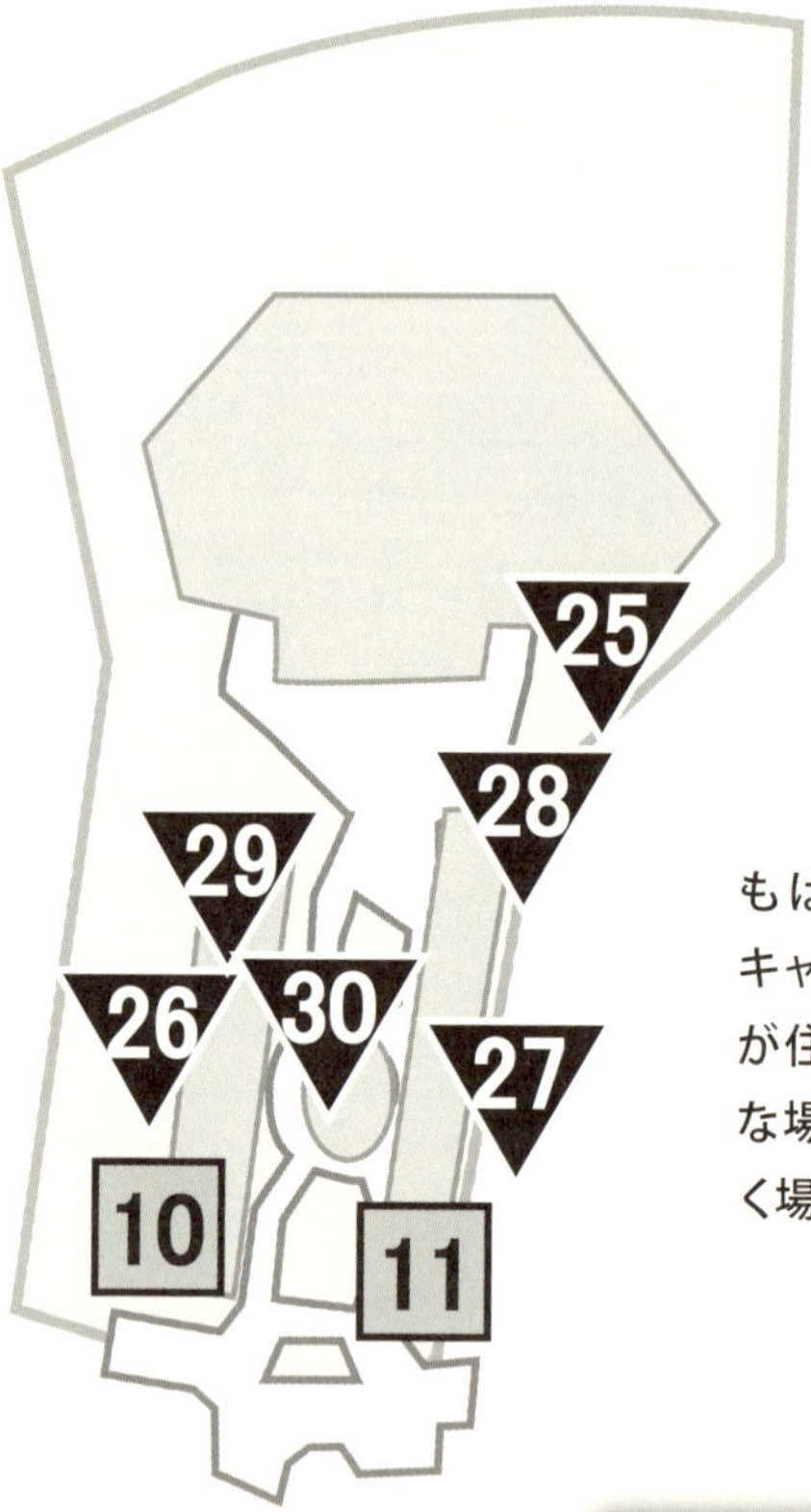

もはやユニバの代表的なキャラになったミニオンたちが住む街で、いつも賑《にぎ》やかな場所ですが意外と落ち着く場所でもあります。

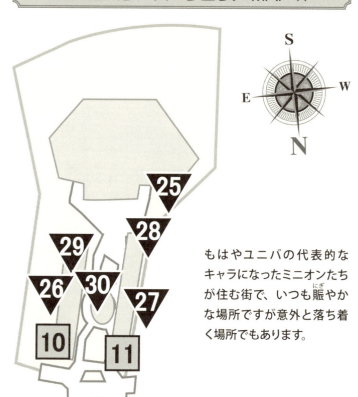

ショップ&レストラン情報

ショップ・SHOP・店

No.	ショップ	SHOP	店
25	ファン・ストア	Fun Store	粉丝商店
26	バナナ・カバナ	Banana Cabana	香蕉凉台
27	スウィート・サレンダー	Sweet Surrender	甜蜜俘虏
28	ミニオン・ポップ・ショップ	Minions Pop Shop	小黄人欢乐商店
29	スペース・キラー	Space Killer	宇宙杀手
30	ミニオン・ラリー	Minion Rally	小黄人拉力游戏

レストラン・RESTAURANT・餐厅

No.	レストラン	RESTAURANT	餐厅
5	デリシャス・ミー！ザ・クッキー・キッチン	Delicious Me! The Cookie Kitchen	动手做美食! 饼干厨房
6	ポパ・ナーナ	POP-A-NANA	波帕娜娜

スウィート・サレンダー

Sweet Surrender 甜蜜俘虏

DATA
- グッズ
- クレジットカードOK

「スウィート・サレンダー」は、ミニオンパークの入り口から、すぐ右側にあるお店です。

ピンクの外観が特徴で、店舗の見た目が巨大な**ガムボール・マシン**になっていてミニオンたちが遊んでいます。スウィートの名前の通り、ミニオンのお菓子を中心に、ミニオングッズがそろっています。チョコレートやクッキー、キャンディーにマシュマロなど、可愛いミニオンのお菓子はお土産に最適ですよ。

ファン・ストア

Fun Store 粉丝商店

DATA
- グッズ
- クレジットカードOK

「ファンストア」は、ミニオンパークの坂を上がった一番奥にあるお店です。

ミニオンパークと同時にオープンしたショップで「遊びの天才、ミニオンたちの、**おもちゃへの愛と情熱**が詰まったストア」をテーマに掲げています。ミニオンのぬいぐるみやキーホルダー、文房具、お菓子、Tシャツ、靴下、タオルなど、可愛いミニオンたちに囲まれて、思わず笑顔になってしまうグッズが、数多くラインナップされています。

バナナ・カバナ

Banana Cabana　香蕉凉台

DATA
●カーニバルゲーム

「バナナ・カバナ」は、ミニオン・パークの奥左手にあります。バナナをハンマーで叩いて飛ばし、反時計回りに回転しているココナッツにバナナを入れると、ミニオンのぬいぐるみなどがもらえるカーニバルゲームです。**1回1200円で5回**チャンスがあります。狙ったココナッツが正面にくる直前に叩くと、成功しやすいです。隣にある「スペース・キラー」よりは難易度は低く、初めての方でも成功する人は多いです。

得

ミニオン・ポップ・ショップ

Minions Pop Shop　小黄人欢乐商店

DATA
●グッズ
●クレジットカードOK

「ミニオン・ポップ・ショップ」は「流行に敏感なミニオンたちが最新ファッション・アイテムを提案する」がコンセプトのお店です。Tシャツに帽子、バッグに靴下や**伊達メガネ**といったミニオンのファッションアイテムがそろっています。全身をミニオン・コーディネーションして楽しみましょう。

「ファン・ストア」と「スウィート・サレンダー」の間にはさまれていて、店中はひと続きになっています。

楽

スペース・キラー

Space Killer　宇宙杀手

DATA

●カーニバルゲーム

「スペース・キラー」はミニオン・パークの坂を上った奥の左手にあります。

スペースバズーカ（エアガン）で3段の三角形に重ねられた6つの缶を、一度に全て落とすことができれば、ミニオンのぬいぐるみなどがもらえるカーニバルゲームです。**1回1200円で4回**弾を撃つチャンスがあります。狙い目は一番下の段と真ん中の段の「境目」で、ど真ん中より左右に少しズラしたところになりますが、少し運が必要です。

裏

ミニオン・ラリー

Minion Rally　小黄人拉力游戏

DATA

●ミニオンを探すクイズ形式のラリー

「ミニオン・ラリー」はミニオン・パーク内に隠れているミニオンたちを探してクイズに正解すると、景品がもらえる**クイズ形式のラリー**になります。

参加するためには、ファン・ショップやスペース・キラーで販売されている「ミニオンを探せ！」という小冊子（800円）を買う必要があります。小さなお子さまでも解ける簡単な内容なので、安心してください。気になる景品はミニオンが大好きな「バナナ」の**ホイッスル**。

デリシャス・ミー！ザ・クッキー・キッチン

DATA
- ファストフード
- 営業時間：クルーにお問い合わせください。
- クレジットカード有
- アルコール有

ミニオン・パークの入り口を入ってすぐ左側。ミニオンたちの「甘くておいしいもの」への飽くなき探求心が結集した世紀の発明品**「クッキー製造マシン」**が、クッキー・サンドを作っているクッキー工場がモチーフになっていて、ミニオン・クッキー・サンドが作られていく工程が見学できます。ここでは大人気のミニオン・クッキー・サンドはもちろん、フラッペなどのスイーツを買うことができます。

Delicious Me! The Cookie Kitchen　动手做美食！ 饼干厨房

ポパ・ナーナ

DATA
- ファストフード
- 営業時間：クルーにお問い合わせください。
- クレジットカード有
- アルコール有

ミニオン・パークに入ってすぐ右手にあるお店が「ポパナーナ」です。ここではミニオンが大好きな**バナナ味の塩キャラメル～バナナフレーバー～のポップコーン**が買えます。

2019年夏の新作ミニオンポップコーンバケツ「フラッフィのうきわでウキウキ♪ボブポップコーンバケツ」を購入した年間パスポートを持った人を対象に、おかわり自由のポップコーンリフィルキャンペーンを開催中（2019年9月1日まで）。

得

POP-A-NANA　波帕娜娜

★サンフランシスコ・エリアMAP★

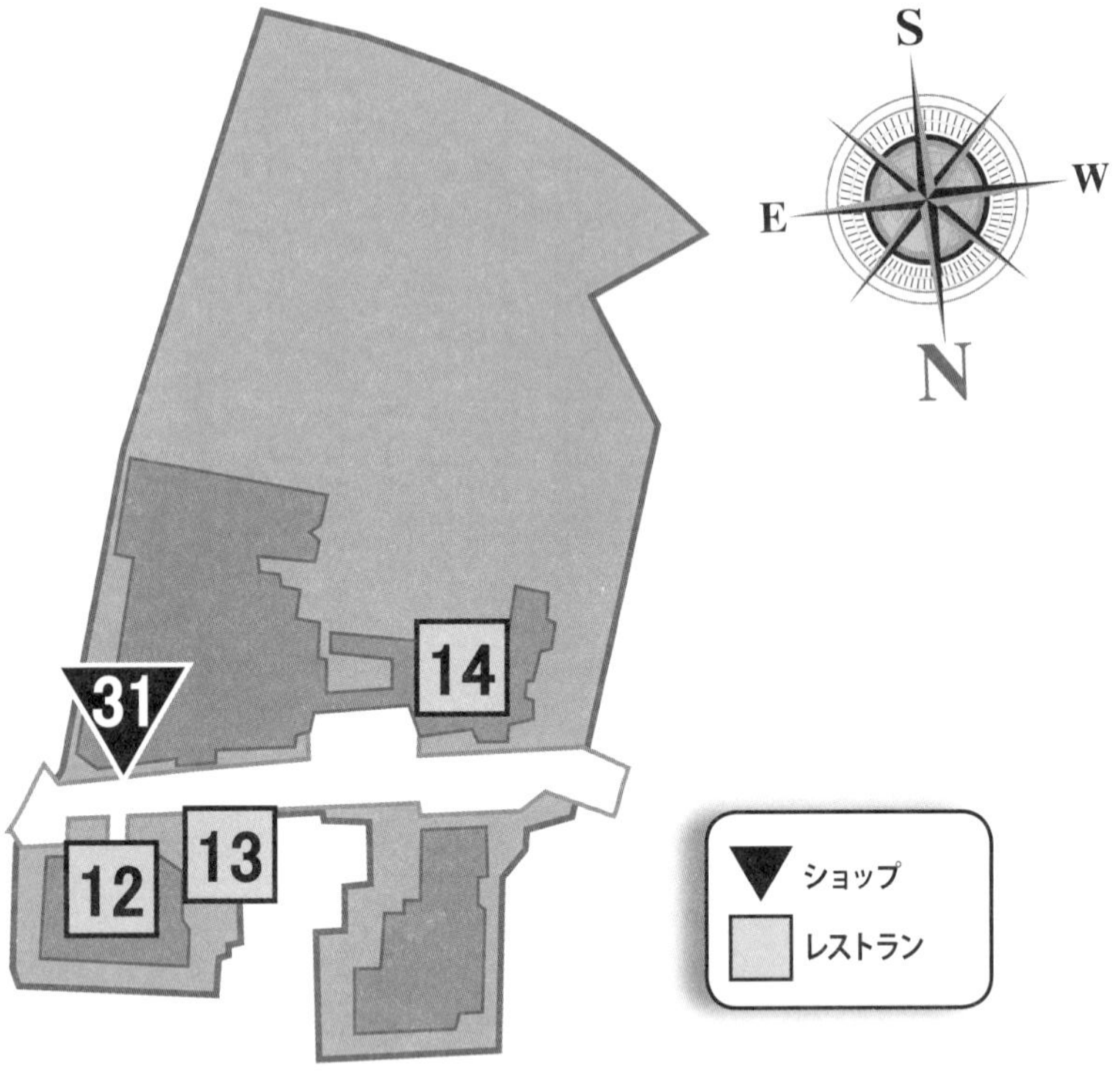

元エリアの半分をミニオンたちに占領されてしまったサンフランシスコ・エリア。しかし太陽の街の街並みは健在でした！テイクアウトのターキーレッグの味は格別です。

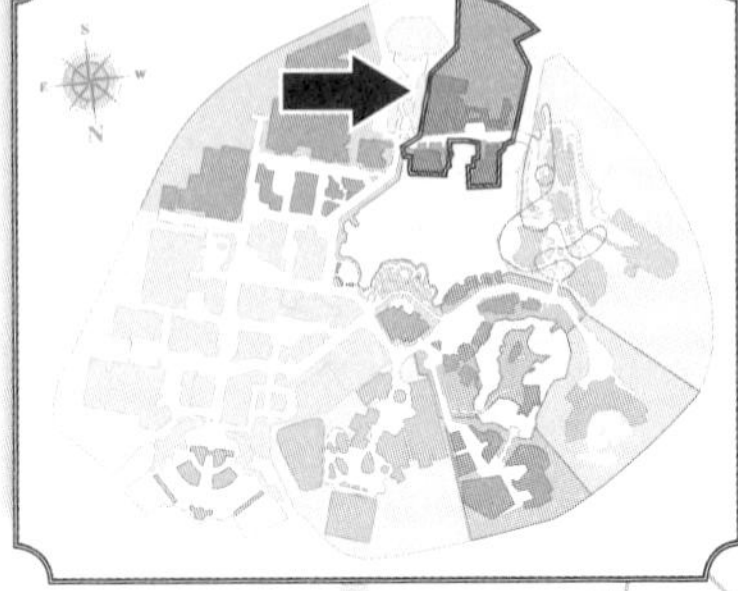

ショップ&レストラン情報

ショップ・SHOP・店

No.	ショップ	SHOP	店
31	サンフランシスコ・キャンディーズ	San Francisco Candies	旧金山糖果店

レストラン・RESTAURANT・餐厅

No.	レストラン	RESTAURANT	餐厅
12	ハピネス・カフェ	HAPPINESS CAFÉ®	幸福餐厅 ®
13	ワーフカフェ	WHARF CAFÉ	码头咖啡馆
14	ザ・ドラゴンズ・パール	THE DRAGON'S PEARL	龙珠餐厅 ™

サンフランシスコ・キャンディーズ

旧金山糖果店

San Francisco Candiesl

DATA
●グッズ
●クレジットカードOK

「サンフランシスコ・キャンディーズ」は、ミニオン・パークの入り口の右手にあります。ショップ内にはミニオンのワッフル工房があって、可愛いミニオンの**ミニワッフル**がつぎつぎとできあがってくるさまを見学することができます。

もちろんできたてを購入可能。他にもここではミニオンのグッズがお菓子を中心に豊富にそろっています。急な雨のときは、傘やポンチョ、タオルが買えますので、覚えておきましょうね。

ハピネス・カフェ

幸福餐厅®

HAPPINESS Café®

DATA
●カフェテリアスタイル
●営業時間・10：00～19：30
（詳細は公式HPで確認してください）
●クレジットカード有
●アルコール有 ●低アレルゲンメニューあり

ラグーンに面してひときわ目立つ外観の「ハピネス・カフェ」は、アトラクション「バックドラフト」の目の前にあるカフェレストランです。ここにはミニオンのカレーやパスタ、ハンバーガーなど可愛くて手軽に食べられるメニューが豊富にあり、サラダバーもあります。またセットメニューを頼むと、パーク内で**唯一ドリンクバー**がついてきますので、ゆっくり食事したいときにおススメです。

得

ザ・ドラゴンズ・パール

The Dragon's Pearl™ 龙珠餐厅™

DATA
- カフェテリアスタイル
- 営業時間・10：30～15：00（日によって変動、詳細は公式HPで）
- クレジットカード有
- アルコール有
- 低アレルゲンメニューあり

「ザ・ドラゴンズ・パール」は、サンフランシスコのチャイナタウンにある中国料理店をモチーフにしています。

中華料理が食べたくなったら、ミニオンパークからジェラシックパークへ向かう途中にある、こちらにお越しください。チャーハンや**焼きビーフン**のコンボ（副菜とソフトドリンクを選べます）メニューの他、子ども向けメニューの「ドラゴン・キッズ・セット」があります。

ワーフカフェ

WHARF CAFÉ 码头咖啡馆

DATA
- ファストフード
- 営業時間・11：30～17：00（詳細は公式HPで）
- クレジットカード有
- アルコール有

サンフランシスコ・エリアのラグーンのほとりにある「ワーフカフェ」は、サンフランシスコのフィッシャーマンズワーフをモチーフに、**カニの看板**が目印。ホットドッグやドリンクなど、テイクアウト専門のお店です。お店の周囲にはテーブル席やベンチが用意されていますので、こちらに座って休憩を取ることもできます、夏は**フラッペ**、冬は**ホットチョコ**など、季節感のあるメニューもあります。

★ ジュラシック・パークMAP ★

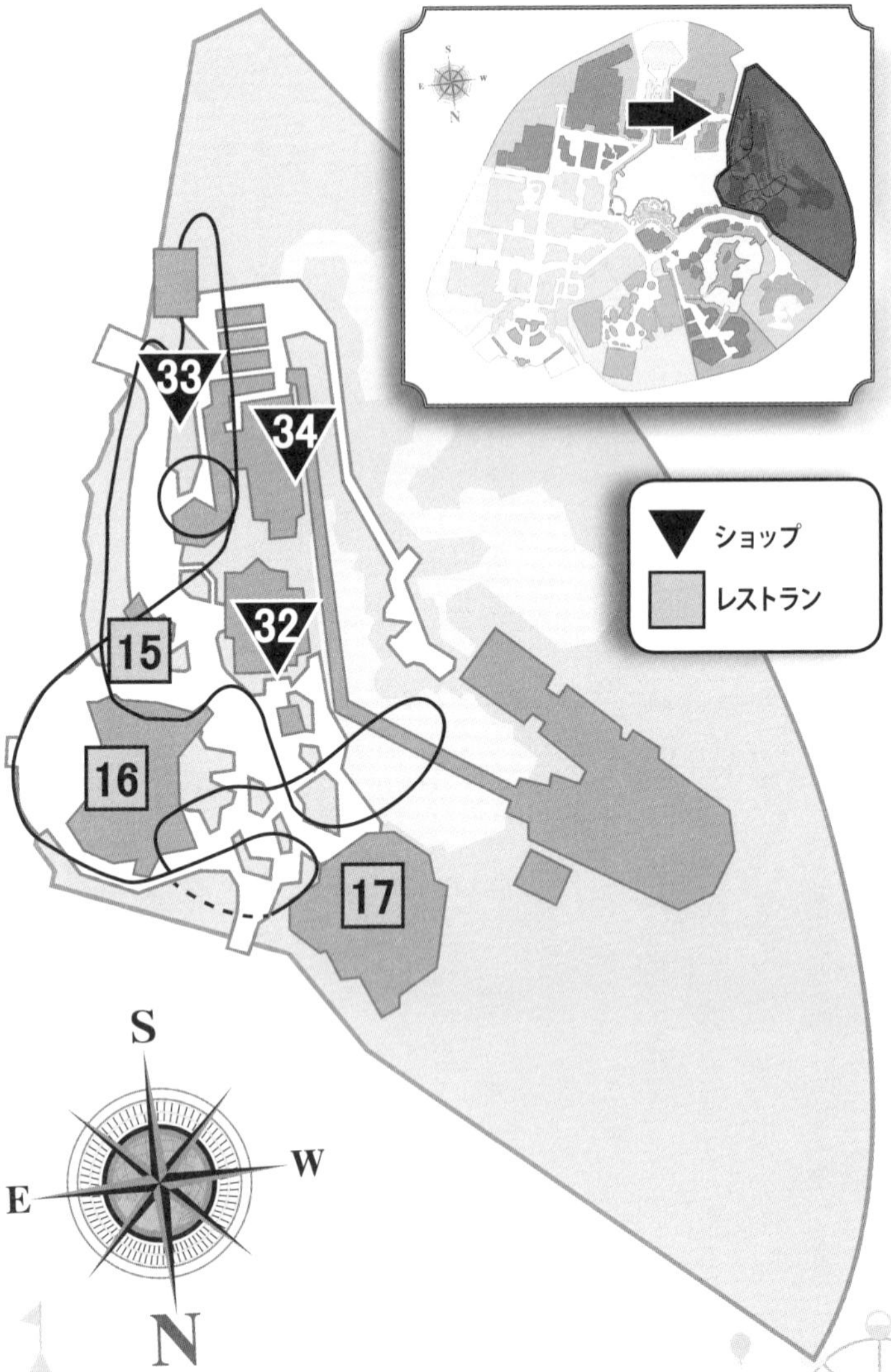

ショップ・SHOP・店

No.	ショップ	SHOP	店
32	ジュラシック・アウトフィッターズ	Jurassic Outfitters	侏罗纪公园纪念品店
33	フライング・ダイナソー・フォト	The Flying Dinosaur Photo	飞天翼龙照相
34	ジュラシック・パーク・ザ・ライド・フォト	Jurassic Park - The Ride Photo	侏罗纪公园列车照相馆

レストラン・RESTAURANT・餐厅

No.	レストラン	RESTAURANT	餐厅
15	フォッシル・フュエルズ	Fossil Fuels	化石燃料
16	ロストワールド・レストラン	Lost World Restaurant	失落的世界餐厅
17	ワンピース海賊食堂 (ディスカバリー・レストラン)	One Piece Pirate Dining Hall	海贼王海盗餐厅

侏罗纪公园纪念品店
ジュラシック・アウトフィッターズ
Jurassic Outfitters

DATA
- グッズ
- クレジットカードOK

「ジュラシック・アウトフィッターズ」は、ジュラシックパークエリアにある唯一のグッズショップです。カッコイイ恐竜たちのTシャツやかぶりもの、帽子にタンブラー、定番のキーホルダーやステーショナリーグッズ、恐竜カツや**ターキーレッグフライドスナック**などお菓子も充実しています。女子のゲスト向けには、可愛いハローキティが恐竜の被り物を着たキーチェーンやネッケストラップなど、楽しいグッズであふれています。

フォッシル・フュエルズ
化石燃料
Fossil Fuels

DATA
- ファストフード
- 営業時間：クルーにお問い合わせください。
- クレジットカード有
- アルコール有

「フォッシル・フュエルズ」は人気アトラクション「ジュラシック・パーク・ザ・ライド」のすぐ前にあるテイクアウト中心のお店です。ここでは、T－REXソフトクリームや**フライド・パンケーキ**がおススメです。夏場はフラッペやスムージーなども販売されるので、チェックしてみてくださいね。注文口の裏手には屋根付きの席も用意されていますので、ラグーンを眺めながらゆっくり休むことができます。

Lost World Restaurant　失落的世界餐厅

ロストワールド・レストラン

謎

DATA

- テーブルサービス
- 営業時間：クルーにお問い合わせください。
- クレジットカード有
- アルコール有
- 低アレルゲンメニューあり

「ロストワールド・レストラン」は、アマゾンのリゾートをモチーフに、料理は南米をイメージしたワンプレートメニューを中心した不定期営業のレストランです。公式サイトにはいつも「一時クローズ」と表記されており、いつやっているの？　と思う**幻のレストラン**ですが、大混雑が予想される時期（大型連休、夏休み期間中など）と貸し切りイベントが行われている日にオープンするようです。

ワンピース海賊食堂（ディスカバリー・レストラン）

DATA

- ファストフード
- 営業時間・10：00～16：00
- クレジットカード有
- アルコール有
- 低アレルゲンメニューあり

普段は「ディスカバリー・レストラン」としてオープンしていますが、夏の期間は人気漫画**ワンピース**とコラボしたレストラン「ワンピース海賊食堂」として営業中。伊藤ハムが協賛しているお店だけに牛肉や鶏肉を中心としてエビや白身魚料理もそろったワンプレート料理を提供中です。

ドリンクとちょっとつまめる一品料理がセットになったコンボメニューもあるので、食事だけでなく休憩にもどうぞ。

One Piece Pirate Dining Hall　海贼王海盗餐厅

★ アミティ・ビレッジMAP ★

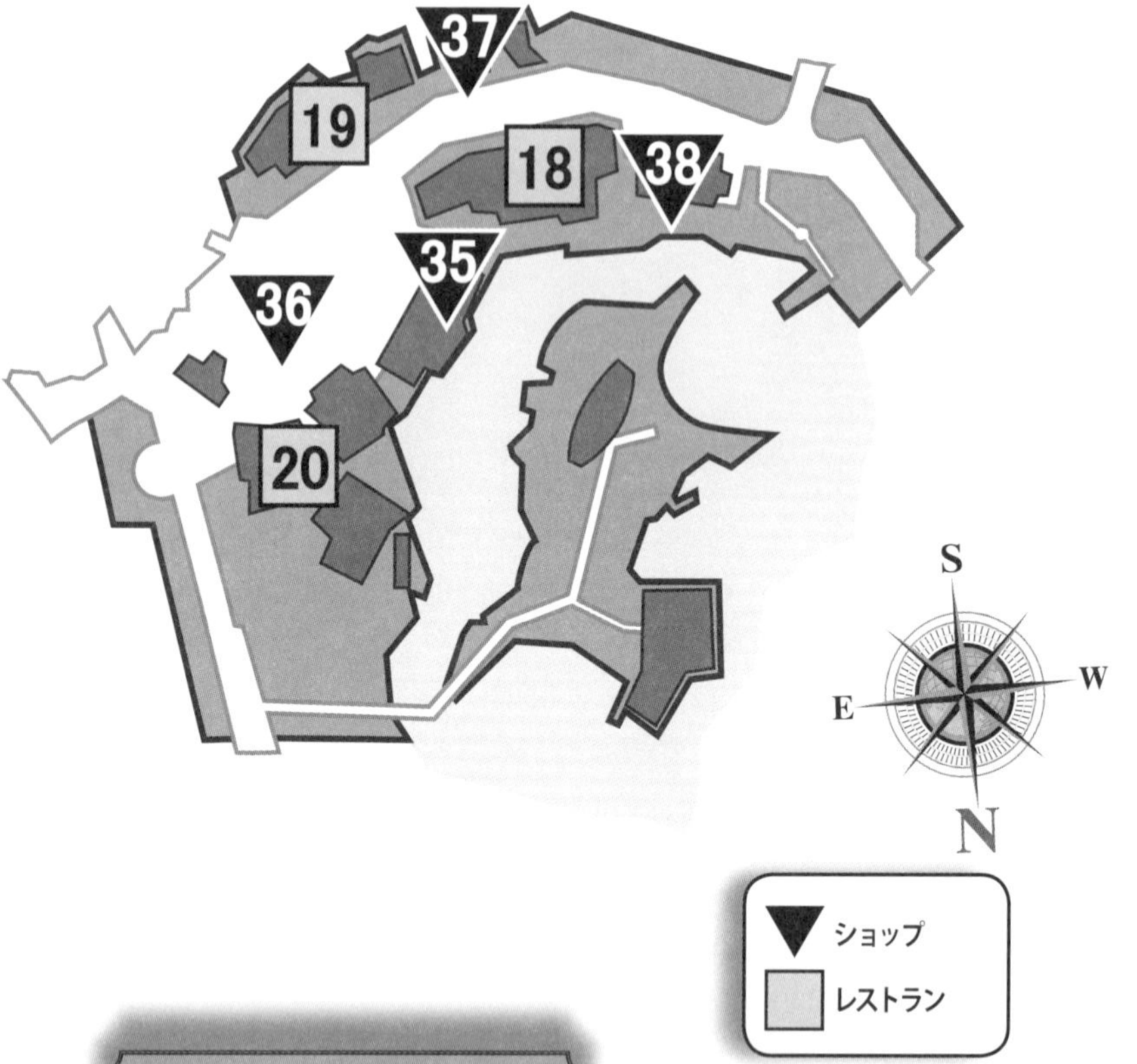

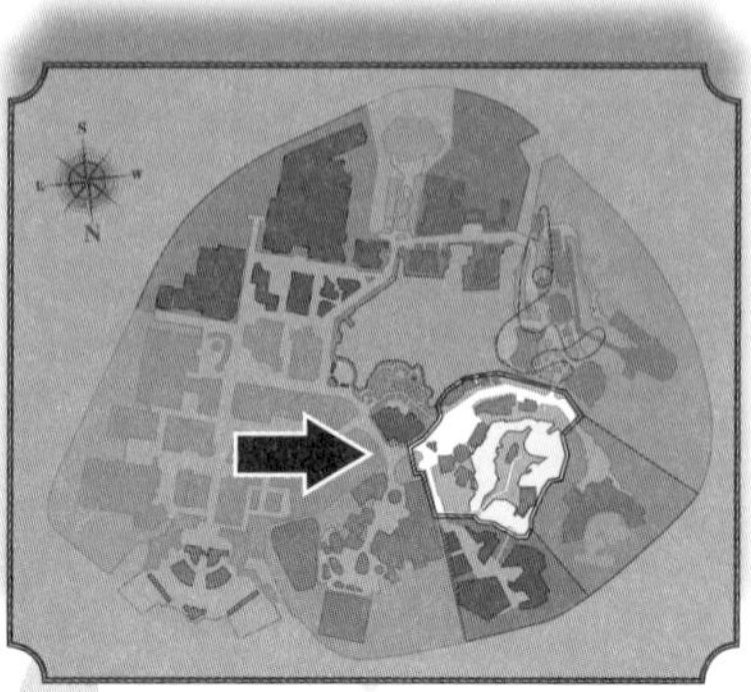

ジュラシックパーク・エリアやウォーターワールドとの行き来で、意外と人通りが多いラグーンを眺めながらの食事やひと休みできます。

ショップ・SHOP・店

No.	ショップ	SHOP	店
35	アミティ・アイランド・ギフト	Amity Island Gifts	亲善岛礼品屋
36	ジョーズ・フォト	Jaws Photo	大白鲨照相馆
37	アミティ・ボードウォーク・ゲーム	Amity Boardwalk Game	亲善村漫步道游戏
38	ハリウッド・ムービー・メーキャップ	Hollywood Movie Makeup	好莱坞电影化妆

レストラン・RESTAURANT・餐厅

No.	レストラン	RESTAURANT	餐厅
18	アミティ・ランディング・レストラン	Amity Landing Restaurant™	亲善村餐厅 ™
19	ボードウォーク・スナック	Boardwalk Snacks	浮桥快餐店
20	アミティ・アイスクリーム	Amity Ice Cream™	亲善村冰淇淋 ™

Amity Island Gifts

亲善岛礼品屋

アミティ・アイランド・ギフト

DATA

- グッズ
- クレジットカードOK

アトラクション「ジョーズ」の出口の横にあるお店が「アミティ・アイランド・ギフト」。ここは映画「ジョーズ」グッズと、「海」をテーマにしたアイテムの2種類を取り扱っています。

ジョーズのぬいぐるみやカチューシャ、ポンチョにTシャツなど身に着けるものや、お菓子、焼きたらスティックやソフトいかフライなどのお酒のおつまみ、さらに**本物のサメの歯の化石**などがラインナップされています。

アミティ・ボードウォーク・ゲーム

DATA

●カーニバルゲーム

ラグーン沿いにあるカーニバルゲームのお店でゲームは2種類、コインを皿にのせる「コインピッチ」と台の上に積まれたブロックをすべて落とす「ブロックバスター」。

どちらも**1回1000円**です。「コインピッチ」は30枚のコインを投げてお皿に1つでも乗せることができたら成功です。「ブロックバスター」は7球もらえて、台の上に積まれた3つのブロックをすべて落とせたら成功です。

Amity Boardwalk Game　亲善村漫步道游戏

アミティ・ランディング・レストラン

DATA

●ファストフード
●営業時間・10：30～18：00
●クレジットカード有
●アルコール有

得

「アミティ・ランディング・レストラン」は、映画「ジョーズ」の舞台、アミティ・ビレッジの造船所がモチーフです。ここは、シュリンプ&クラブサンドが名物で、やフライドチキンやお酒のサービスがあるお店です。海の青をイメージした**ロールケーキ「JAWSがくるぞ」**は、ここでしか食べられないデザートです。アトラクションの合間や並んでいる時間に、お腹を満たしたいときに利用しましょう。

Amity Landing Restaurant™　亲善村餐厅™

浮桥快餐店

ボードウォーク・スナック

DATA

- ファストフード
- 営業時間・11：00～18：00
- クレジットカード有
- アルコール有

「ボードウォーク・スナック」は、アミティ・ビレッジにあるアトラクション「ジョーズ」の前にあります。ここでは、ピッツァとフライドポテト、ドリンクのセットメニューが1100円からとリーズナブルに食べられます。暑い日は3種類ある**フラッペ**から、好きなフレーバーを選んで涼を取ってくださいね。もちろんソフトドリンクやアルコールもありますので、お子さまも大人も喉の乾きを癒せますね。

Boardwalk Snacks

アミティ・アイスクリーム

DATA

- ファストフード
- 営業時間・12：30～17：00
- クレジットカード有

「アミティ・アイスクリーム」は店名の通り、アイスクリーム専門店で、何と**サーティワンアイスクリーム**のユニバージョン。暑い夏の定番、サーティワンアイスクリームが、パーク内で食べられます。シングルが360円、ダブルが500円、トリプルが640円と良心的な価格で。お店のわきにはテーブルもありますので、ちょっとひと休みするのにちょうどいいお店です。

得

亲善村冰淇淋 ™

Amity Ice Cream™

★ ウィザーディング・ワールド・オブ・ハリー・ポッターMAP ★

ショップが豊富で、ここでしか売られていない品も多いので、細かくチェックしてみよう。バタービールを飲んだ後のグラスをお土産に持って帰るとき用に、ちょっとしたビニール袋を用意しておくと良いです。

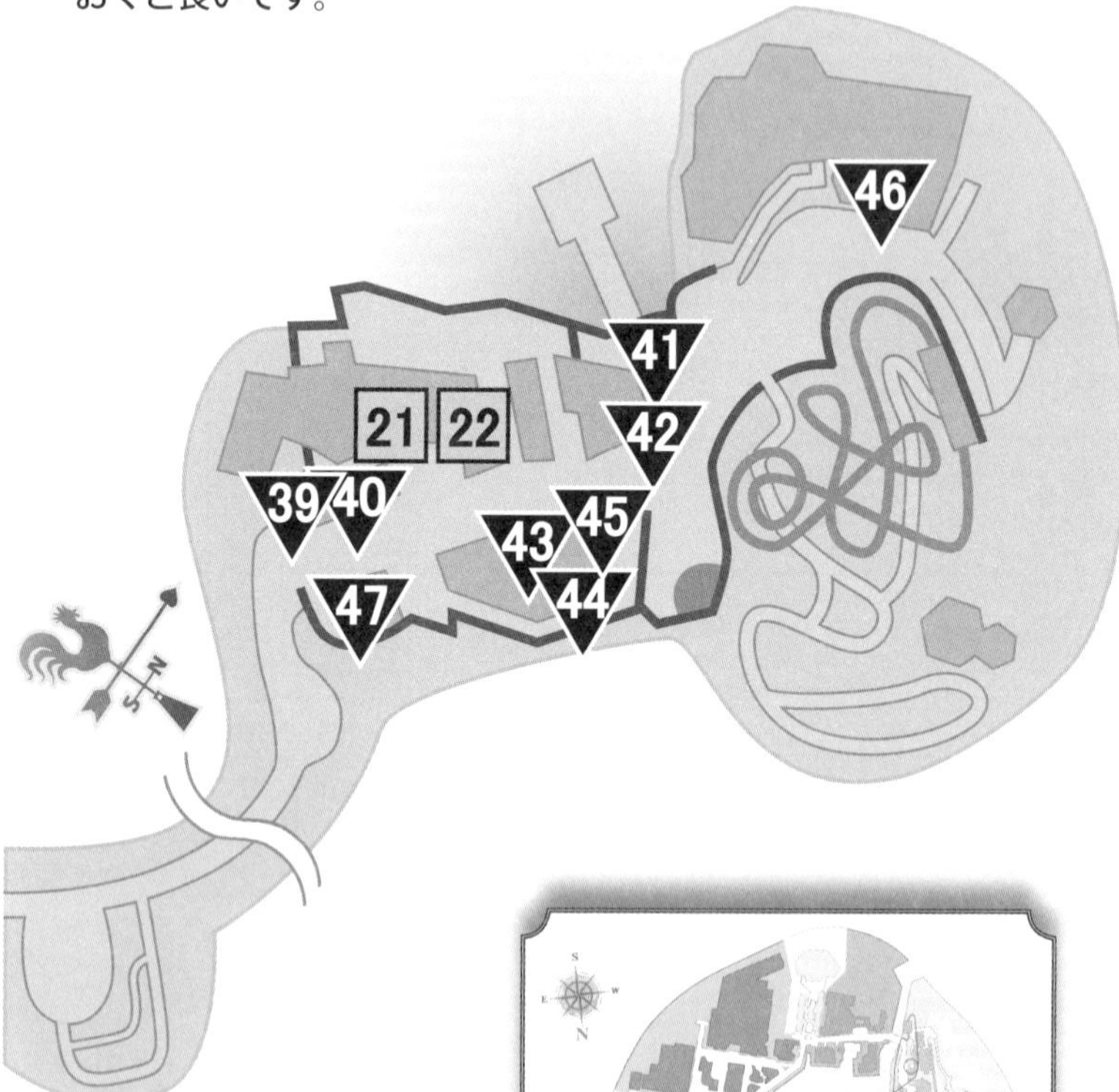

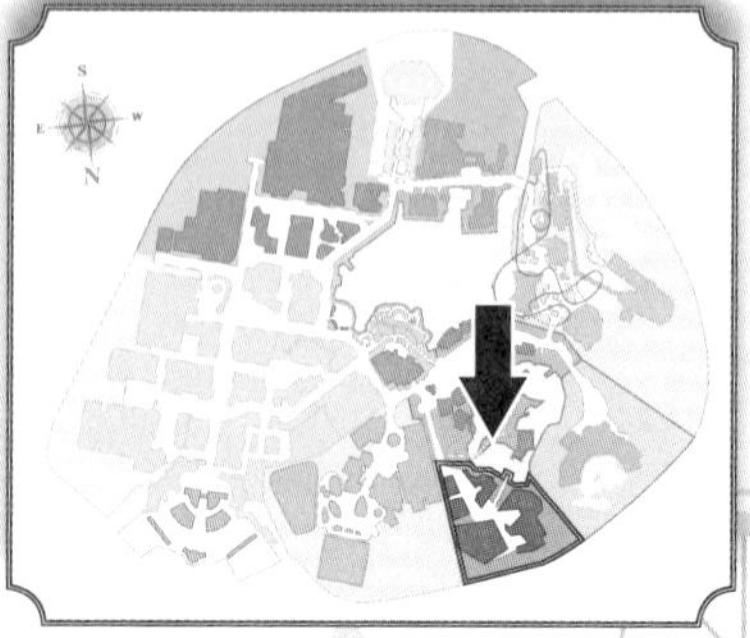

ショップ・SHOP・店

No.	ショップ	SHOP	店
39	ゾンコの「いたずら専門店」	Zonko's™ Joke Shop	桑科 ™ 的恶作剧商店
40	ハニーデュークス	Honeydukes™	蜂蜜公爵 ™
41	オリバンダーの店	Ollivanders™	奥利凡德魔杖店 ™
42	ワイズエーカー魔法用品店	Wiseacre's Wizarding Equipment	聪明农场魔术品店
43	ふくろう便&ふくろう小屋	Owl Post™ & Owlery	猫头鹰邮局 ™ & 猫头鹰小屋
44	ダービシュ・アンド・バングズ	Dervish and Banges™	德维与班吉巫师用品商店 ™
45	グラドラグス魔法ファッション店	Gladrags Wizardwear	风雅牌巫师服装店
46	フィルチの没収品店	Filch's Emporium™ of Confiscated Goods	费尔奇没收来物品的商店 ™
47	ホグワーツ ™ 特急のフォト・オポチュニティ	Hogwarts™ Express Photo	霍格沃茨 ™ 特快列车照相馆

レストラン・RESTAURANT・餐厅

No.	レストラン	RESTAURANT	餐厅
5	三本の箒（ほうき）	Three Broomsticks™	三根扫帚酒吧 ™
6	ホッグズ・ヘッド・パブ	Hog's Head	猪头酒吧

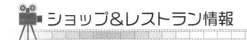

Zonko's™ Joke Shop　桑科™的恶作剧商店

ゾンコの「いたずら専門店」

DATA
●グッズ
●クレジットカードOK

ホグズミード村の門を入ってすぐ左手にあるお店が、ゾンコの「いたずら専門店」です。映画に登場したお店を忠実に再現していて、映画と同じように、いたずら道具や**ジョークグッズ**を販売している専門店です。

ラインナップは、怪しい人がいたら光って知らせてくれる「かくれん防止器」や、盗み聞きにもってこいの「伸び耳」、凶暴な「噛み付きフライヤー」など、ユニークないたずらグッズがいっぱいです。

ハニーデュークス

DATA
●グッズ
●クレジットカードOK

「ハニーデュークス」はホグズミード村に入ってすぐ左手にあります。ゾンコの「いたずら専門店」の隣にあり、店内でつながっています。

ここは映画に出てくる**お菓子**が買えるお店とあって大人気。「バーティー・ボッツの百味ビーンズ」や「蛙チョコレート」、「チョコレートバー」など、ハリーたちが食べていたお菓子をお土産に買って、自宅でハリーポッターの映画を観ながら食べれば気分が盛り上がります。

Honeydukes™　蜂蜜公爵™

オリバンダーの店

DATA
●グッズ
●クレジットカードOK

「オリバンダーの店」は、ハリーポッターが映画の中で、実際に買い物をしたお店を再現しています。

店内には無数の杖の箱が天井まで高く積み上げられています。売れスジの商品はやっぱり**ハリーの杖**です。また杖の番人と一緒に「杖が魔法使いを選ぶ」様子を体験することもできます。

杖の番人から**毎回1人**のゲストが選ばれて、誕生日を答えると「ケルト神話の誕生月の杖」を購入する権利をもらえます。

Ollivanders™　奥利凡德魔杖店™

ワイズエーカー魔法用品店

DATA
●グッズ
●クレジットカードOK

ローブやネクタイ、マフラーなどのホグワーツ魔法学校の制服や、文房具などのアイテムを取り扱っているお店が「ワイズエーカー魔法用品店」。

ここで衣装をそろえてハリー・ポッターになりきりましょう。お店の奥は「オリバンダーの店」に続いているので「魔法の杖が魔法使いを選ぶ」を体験しなくても、**杖の購入**はできます。また、魔法学校生徒の恰好でパーク内を歩くと、映画の中に入った気分になれますよ。

Wiseacre's Wizarding Equipment　聪明农场魔术品店

ダービシュ・アンド・バングズ

DATA
- グッズ
- クレジットカードOK

「ダービシュ・アンド・バングズ」は、映画「ハリーポッターと炎のゴブレット」でも登場する**魔法用具店**です。

魔法のほうきのグッズや、ハリーが夢中になった魔法界のスポーツ「クィディッチ」の関連グッズなどが買えます。

店内に入ると天井から吊り下げられたファイアボルト、ニンバス2000とニンバス2001が迎えてくれます。レジの後ろには、実物大のニンバス2001とファイアボルトが販売されています。

Dervish and Banges™　德维与班吉巫师用品商店™

ふくろう便&ふくろう小屋

DATA
- グッズ
- クレジットカードOK

「ふくろう便」は登場人物の切手セットやホグワーツのポストカード、ステーショナリーグッズ、ハリーのペットの**ヘドウィグ**のぬいぐるみなどが買えます。

外にはポストがあって手紙を出すと、ホグズミードの消印で配達されるサービスも行っています。窓には「吼えメール」もディスプレーされています。

隣の「ふくろう小屋」では本物の**ふくろう**がいることもあります。写真撮影ではフラッシュで怖がらせないでね。

Owl Post™ & Owlery　猫头鹰邮局™ & 猫头鹰小屋

Gladrags Wizardwear　风雅牌巫师服装店

グラドラグス魔法ファッション店

DATA

- グッズ
- クレジットカードOK

「グラドラグス魔法ファッション店」は、ピアスやネックレスなどのアクセサリー類、ローブやセーター、靴下や帽子などのハリーポッターのファッショングッズ専門店です。

お店の**ショーウインドー**には、映画「ハリーポッターと炎のゴブレット」のクリスマスのダンスパーティーシーンでハリーが着ている**タキシード**と、ハーマイオニーが着ているドレスが飾ってありますので、ぜひ見に行ってください。

Filch's Emporium™ of Confiscated Goods　费尔奇没收来物品的商店™

フィルチの没収品店

DATA

- ●グッズ
- ●クレジットカードOK

「フィルチの没収品店」はホグワーツ城内にあり、人気アトラクションの「ハリー・ポッター・アンド・ザ・フォービドゥン・ジャーニー」の出口に直結しています。ここにはステーショナリーや**忍びの地図グッズ**、定番のキーホルダーやお菓子などを販売しています。

お店の出入り口近くには、映画『ハリー・ポッターと賢者の石』の中で登場した「魔法のチェスセット」が飾ってありますので、ぜひご覧ください。

Three Broomsticks™　三根扫帚酒吧™

三本の箒（ほうき）

DATA

- ●バフェテリア
- ●営業時間：10:00～19:30
- ●クレジットカード有
- ●アルコール有
- ●低アレルゲンメニューあり

ホグズミードの〝老舗パブ兼宿屋〟を模した「三本の箒《ほうき》」の人気料理は「**グレート・フィースト**」。ロティサリースモークチキンやポークリブの盛り合わせ、ガーデンサラダに皮付きのコーン1本とローストポテト添えと見た目にも豪快です。

店内は天井が高く、映画に出てきた「ホグズミードのパブ」そっくりの暖炉や、鹿の剥製が飾られていて雰囲気があります。テラス席からは湖越しにホグワーツ城が一望できます。

Hog's Head

猪头酒吧

ホッグズ・ヘッド・パブ

DATA
- パブ
- 営業時間：クルーにお問い合わせください。
- クレジットカード有
- アルコール有

「ホッグズ・ヘッド・パブ」は、「三本の箒《ほうき》」の隣にある怪しげなムードが漂うパブです。飲み物のテイクアウト専門店で、テーブルと椅子はありませんので注意してくださいね。ここでは**各種ビール**が揃っていて、特に特別醸造されたドラフトビール「ホッグズ・ヘッド・ビール」がおススメです。また**バタービール**も販売されています。外の販売店が混雑しているとき、意外とこちらのお店は空いていることもあります。

裏

★ ユニバーサル・ワンダーランドMAP ★

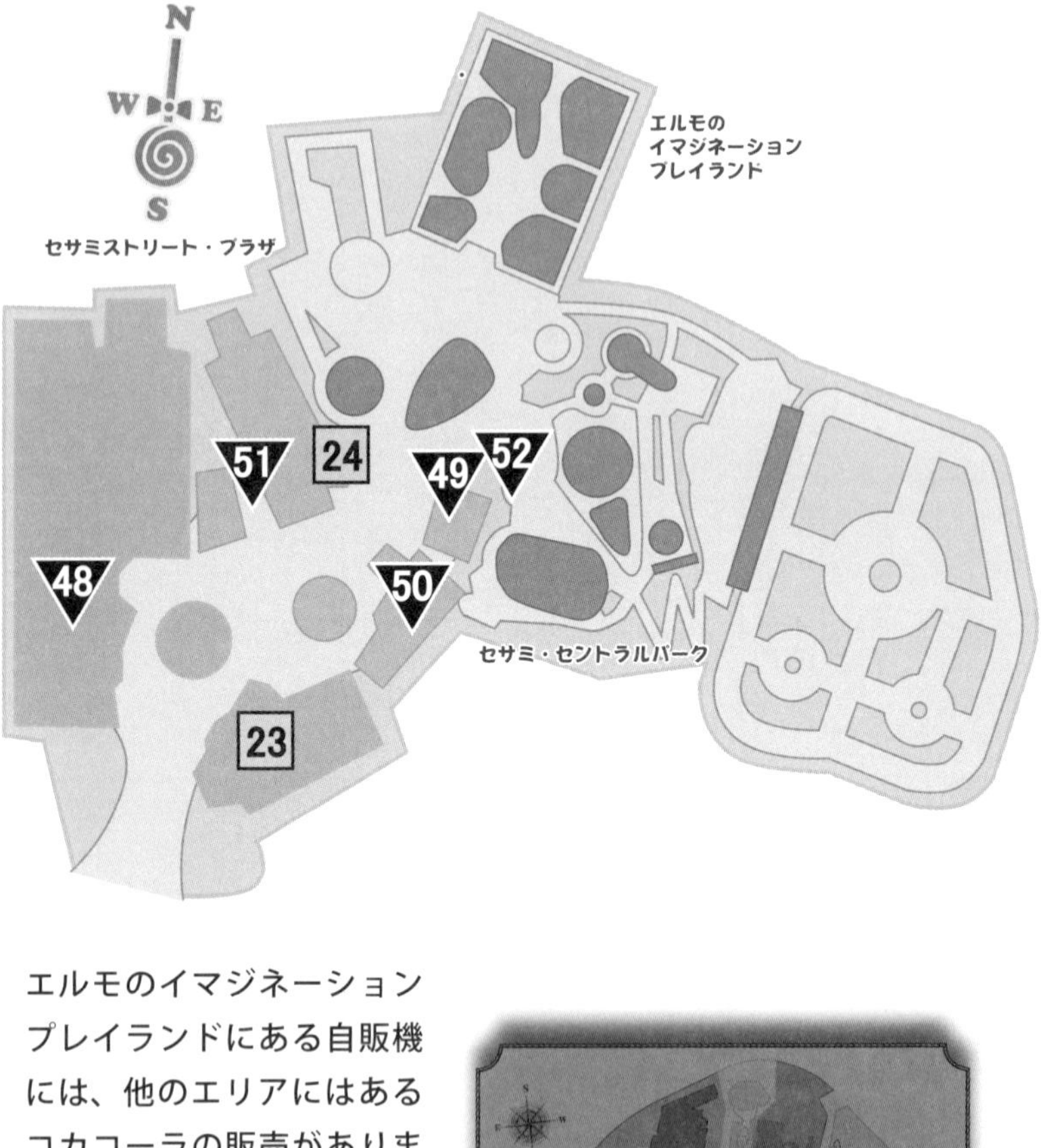

エルモのイマジネーション
プレイランドにある自販機
には、他のエリアにはある
コカコーラの販売がありま
せん。どうしてでしょうね。

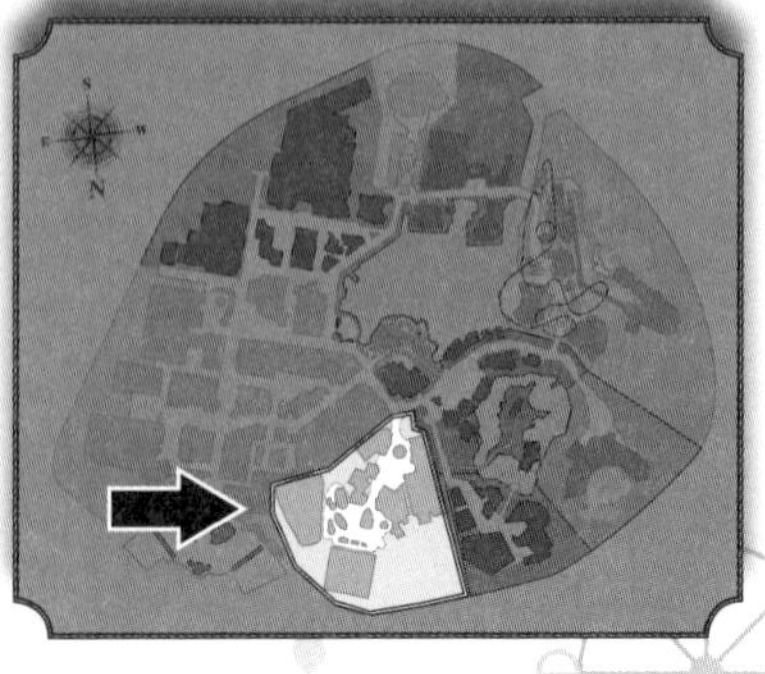

▼ ショップ
□ レストラン

ショップ・SHOP・店

No.	ショップ	SHOP	店
48	スヌーピー・スタジオ・ストア	Snoopy Studios Store	史努比摄影棚商品屋
49	セサミストリート・キッズ・ストア	Sesame Street™ Kids Store	芝麻街 ™ 儿童商店
50	ハローキティのリボン・ブティック	Hello Kitty's Ribbon Boutique	Hello Kitty 的丝带时尚精品店
51	ハローキティのフォト・ショップ	Hello Kitty's Photo Shop	Hello Kitty 的照相屋
52	バート&アーニーのプロップショップ・ゲーム・プレイス	Bert & Ernie Prop Shop Game Place	伯特和厄尼的精品店・游戏房

レストラン・RESTAURANT・餐厅

No.	レストラン	RESTAURANT	餐厅
5	スヌーピー・バックロット・カフェ	Snoopy's™ Backlot Café	史努比 ™ 影城咖啡厅
6	ハローキティのコーナーカフェ	Hello Kitty's Corner Café	Hello Kitty 的街角咖啡店

Snoopy Studios Store　史努比摄影棚商品屋

スヌーピー・スタジオ・ストア

DATA
- グッズ
- クレジットカードOK

「スヌーピー・スタジオ・ストア」は、ユニバーサルワンダーランドに入ってすぐのところにある**スヌーピーグッズ**の専門店です。スヌーピーやピーナッツ仲間たちのぬいぐるみやお菓子、Tシャツ、文具など、ここでしか出会えないグッズはパーク内で一番の品揃え。スヌーピー好きは絶対に外せないお店です。

まだ店内にある似顔絵のサービスで、ファミリーやカップルなどパークの思い出をアートにしてみませんか？

セサミストリート・キッズ・ストア

DATA
- **グッズ**
- **クレジットカードOK**

「セサミストリート・キッズ・ストア」は、セサミストリートグッズ専門店です。お店の名前にある通りに、お子さん向けのTシャツやおもちゃが揃っています。

お店の中央にはテーブルが置いてあって、お子さんが自由に**ブロック**やミニカーで遊べます。ご家族連れにやさしいショップです。

もちろんお菓子や文具も充実してますので、自分へのお土産やお子さんのいる家庭へのお土産に最適なお店ですよ。

Sesame Street™ Kids Store　芝麻街™ 儿童商店

ハローキティのリボン・ブティック

DATA
- **グッズ**
- **クレジットカードOK**

「ハローキティのリボン・ブティック」は、ハローキティのトレードマークである**リボン**をモチーフにした、可愛いグッズがいっぱいのお店です。

外観はピンクで統一されていて、壁には花や花柄をモチーフにした窓があって、とてもキレイです。

カチューシャやTシャツにパーカー、ぬいぐるみ、フード付きタオル、アクセサリー、そしてお菓子など、見ているだけで楽しくなります。

Hello Kitty's Ribbon Boutique　Hello Kitty 的丝带时尚精品店

バート&アーニーのプロップショップ・ゲーム・プレイス

DATA
●カーニバルゲーム

「バート&アーニーのプロップショップ・ゲーム・プレイス」はカーニバル・ゲームのお店です。

ゲームは「ビンゴ・ビンゴ」で、5個のボールを転がして穴に落としてビンゴを狙うというものです。**1回1000円で2回**チャンスがあります。成功するとエルモのぬいぐるみなどがもらえます。

一番奥のスペースにボールを入れるコツは、左右の壁に軽く当てて斜めに転がすと入りやすいです。

裏

Bert & Ernie Prop Shop Game Place　伯特和厄尼的精品店・游戏房

ハローキティのフォト・ショップ

DATA
●クレジットカードOK

「ハローキティのフォト・ショップ」は、人気のグリーティングアトラクション「ハローキティのリボンコレクション」で、**フォトクルー**が撮影してくれた写真を購入できるサービスです。

アトラクションの出口に複数のモニターとカウンターがあって、気に入った写真があれば購入できます。また「フォトカード」ももらっておきましょう。自宅に戻ってからインターネットの「WEBフォトストア」から購入できますよ。

Hello Kitty's Photo Shop　Hello Kitty 的照相屋

Snoopy's™ Backlot Café 史努比 ™ 影城咖啡厅

スヌーピー・バックロット・カフェ

DATA

- ファストフード
- 営業時間：10:00～19:00
- クレジットカード有
- 低アレルゲンメニューあり

ここはユニバーサル・ワンダーランドで一番広いレストランで、ハンバーガーやサンドウィッチなど、手軽に食べられるメニューが中心です。バーガーのバンズはスヌーピーの形だったり、パンケーキの焼き印がスヌーピーだったりと、メニューも楽しくなる工夫がいっぱいです。もちろん店内には、スヌーピーやピーナッツ仲間たちが、楽しく遊んでいます。食べ歩きには、カスタード味の**スヌーピーまん**がおススメです。

ハローキティのコーナーカフェ

DATA

- スナックスタンド
- 営業時間：クルーにお問い合わせください。
- クレジットカード有
- アルコール無（ノンアルコールビール）

「ハローキティのコーナーカフェ」は、ハローキティとコラボしたメニューのテイクアウト専門店です。ピンクと赤を基調とした外観に、可愛いキティちゃんの顔を描かれた看板がとひときわ目立つお店です。

ここでは、食べ歩きの定番・ハローキティまんやハローキティのフローズンスムージー、**ハローキティ・ドーナツ～チョコ&リンゴカスタード～**など可愛らしいキャラクターの軽食やデザートをお試しください。

Hello Kitty's Corner Cafe Hello Kitty 的街角咖啡店

Universal Studios Japan Chapter 4

パーク外のネタはここに集約

アクセス＆周辺情報

交通アクセス

電車の場合

TRAIN

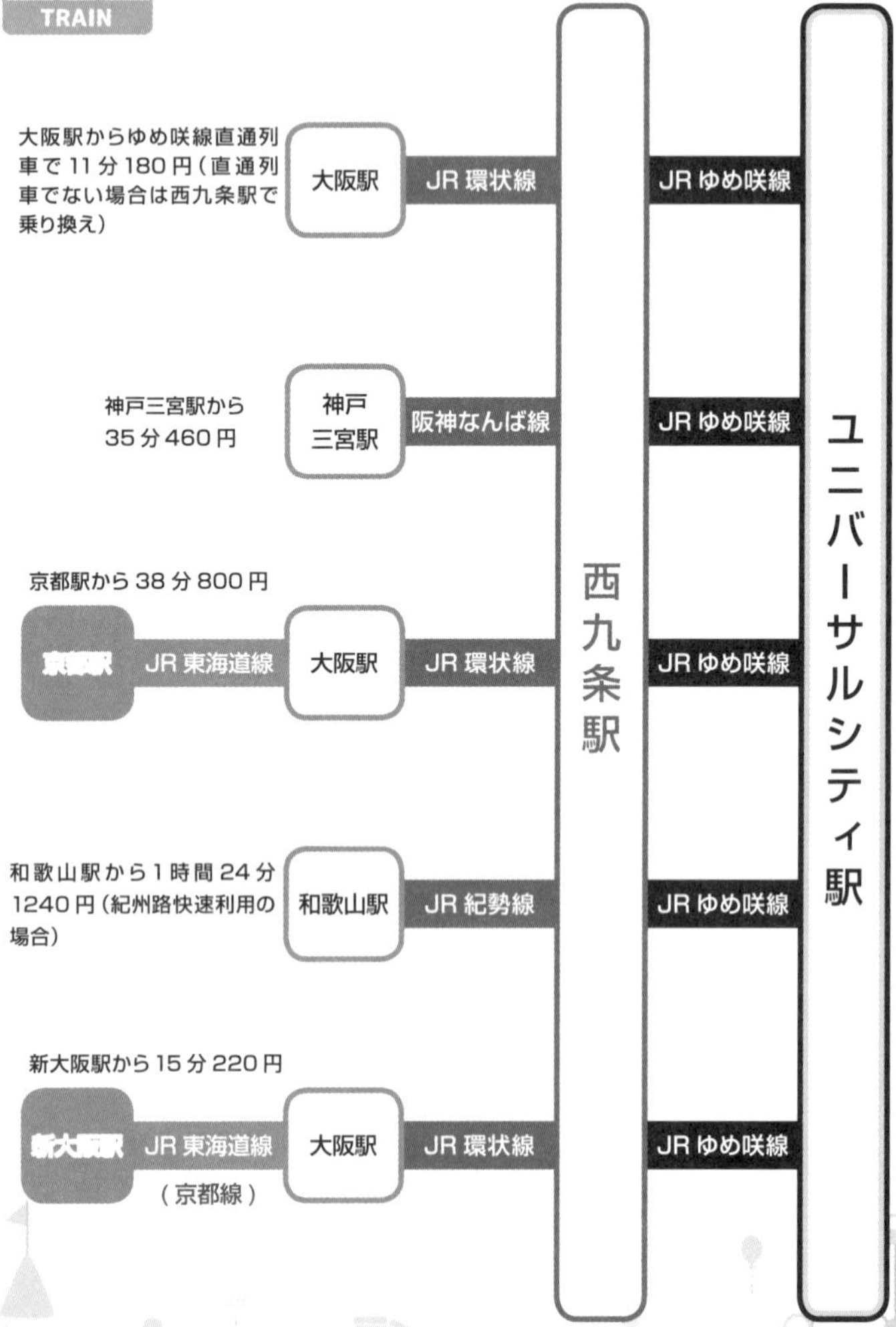

大阪駅からゆめ咲線直通列車で11分180円（直通列車でない場合は西九条駅で乗り換え）
大阪駅
JR 環状線
JR ゆめ咲線
神戸三宮駅から35分460円
神戸三宮駅
阪神なんば線
JR ゆめ咲線
京都駅から38分800円
京都駅
JR 東海道線
大阪駅
JR 環状線
JR ゆめ咲線
和歌山駅から1時間24分1240円（紀州路快速利用の場合）
和歌山駅
JR 紀勢線
JR ゆめ咲線
新大阪駅から15分220円
新大阪駅
JR 東海道線（京都線）
大阪駅
JR 環状線
JR ゆめ咲線
西九条駅
ユニバーサルシティ駅

主要駅からの路線図

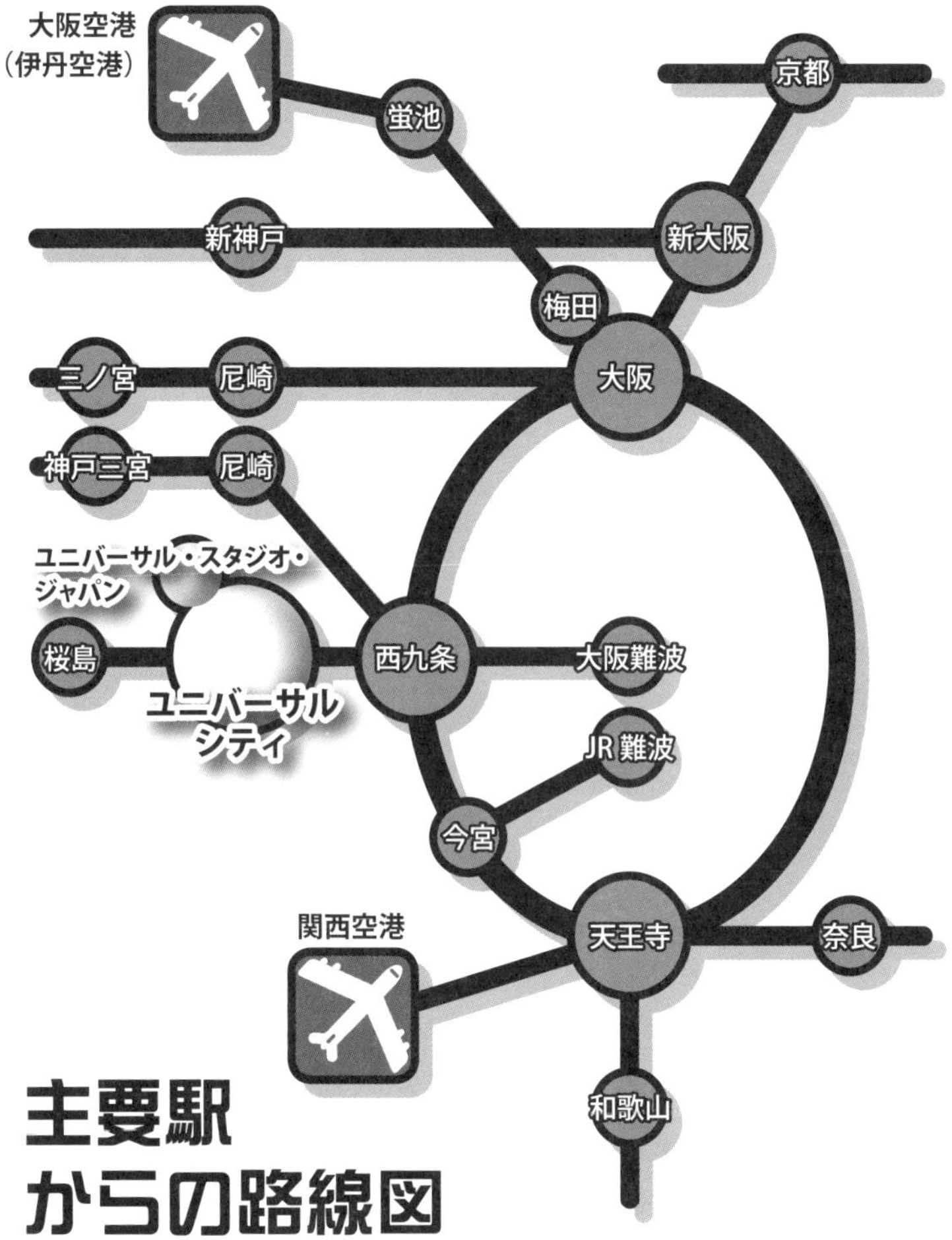

注意！ ユニバーサルシティ駅から大阪方面に向かうとき、混雑している場合、いったん桜島方面の電車に乗り、桜島駅で西九条方面行きに改めて乗車することで座席に座ることができるという裏ワザがある。しかし、この方法を利用する場合は、ユニバーサルシティ駅⇔桜島駅間往復の運賃をきちんと払うこと。それをしないと不正乗車となるので注意してください。

バス、船の場合

バスの場合

伊丹空港から 45 分（930 円）
関西国際空港から 70 分（1550 円）
神戸三宮から 35 分（700 円）
住之江公園から 40 分（410 円）
高松から約 3 時間 30 分（4100 円）
徳島から約 2 時間 20 分（3300 円）

その他

東京、横浜、名古屋、岡山、広島、福岡など全国各地から高速バス路線あり。

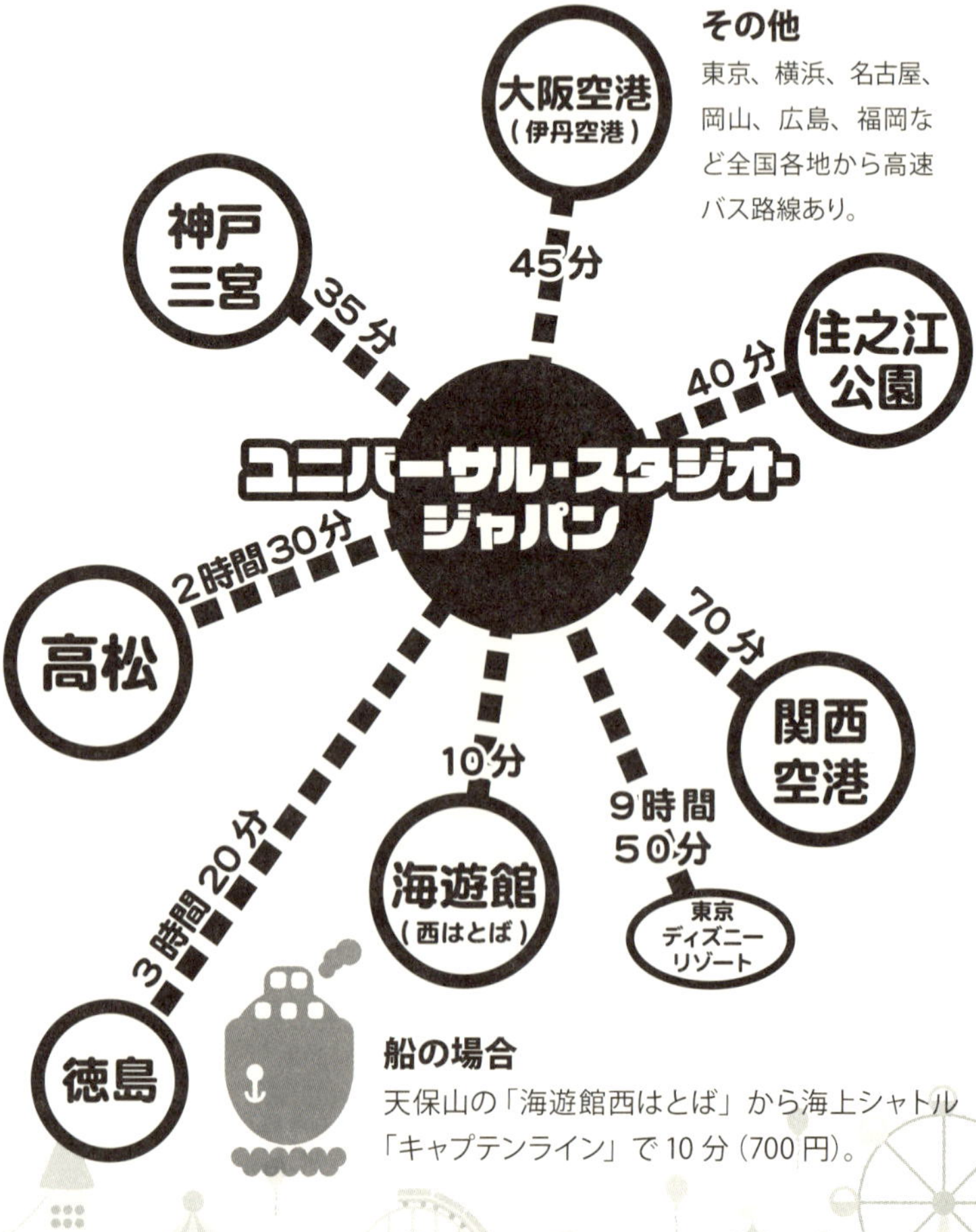

ユニバーサル・スタジオ・ジャパン
大阪空港（伊丹空港）
45分
神戸三宮
35分
住之江公園
40分
高松
2時間30分
関西空港
70分
海遊館（西はとば）
10分
東京ディズニーリゾート
9時間50分
徳島
3時間20分

船の場合

天保山の「海遊館西はとば」から海上シャトル「キャプテンライン」で 10 分（700 円）。

車、オートバイの場合

阪神高速湾岸線から北港 JCT を分岐し、阪神高速 2 号淀川左岸線に入りすぐのユニバーサルシティ出口を下りる。ユニバの駐車場は平日は 2,200 円（年間パスを持っていると 1,200 円）、土日祝日は 2,500 円（VIP 年間パスを持っていると 1,500 円）お盆シーズンは 3,500 円で年間パス割りなし。駐車料金を抑えるなら周辺の一般駐車場へ。

大阪市此花区役所
国道43号線
北港JCT
阪神高速 2号淀川左岸線
ユニバーサルシティ
梅香
北港通
阪神高速5号湾岸線
ユニバーサル・スタジオ・ジャパン
国道43号線からは梅香交差点で側道に入ります。渋滞が多いので流入に注意
〒554-0031
大阪府大阪市此花区桜島 2-1-33

区画	台数	料金		
		平日	土・日・祝	繁忙日
普通車区画	約 3,600 台	￥2,200	￥2,500	￥3,000
年間パス割引（普通車）		￥1,200	￥1,500	￥2,000
プリファード区画（パーク最寄りの区画）	約 20 台	￥3,200	￥3,500	￥4,000
大型車区画 ※車体の長さ 5m 以上の車両は大型車	約 100 台	￥4,500		
バイク区画（51cc 以上）	約 60 台	￥500		

繁忙日は、パーキング（臨時駐車場含む）の満車、および周辺道路の混雑が予想されるため、公共交通機関を利用したほうが良い。

購入は前日までＯＫ

ＪＲ西日本エリアからユニバに行くなら ユニバーサル・スタジオ・ジャパン ワクワクきっぷ

得

北陸・山陽・九州からＪＲでユニバへ行くなら、普通に切符を買うよりは断然、お得です。特急列車指定席もしくは新幹線自由席の往復および、大阪自由周遊区間３日間が乗り放題。ユニバだけでなく、大阪観光も好きなだけできます。さらに、ユニバ１Ｄａｙスタジオ・パスほか、１０００円相当のカーニバルゲーム利用券とオリジナルラゲッジタグつき。デザインは、エルモ、おさるのジョージ、ウッディー・ウッドペッカー。ただし、お子さんのみで利用はできません。２０１９年９月27日までの限定発売ですが、今後も販売の可能性あり。詳細については、駅のみどりの窓口で、問い合わせてみてください。

【ワクワクきっぷ　１名あたりの料金】

出発地	おとな	こども（6歳～小学6年生まで）
富山	23,000円	13,520円
岡山	19,400円	11,720円
博多	30,900円	17,470円

空港との間でシャトルバスの運行あり

長距離バスを利用するときは体調管理に注意

大阪（伊丹）空港、関西空港からはそれぞれ空港リムジンバスがユニバとの間で運行されているので、直接アクセスすることができます。大阪空港からは約45分、関西空港からは約70分。電車の乗り換えが面倒な人はバスで直接向かえます。近くは堺、神戸三宮から、四国は高松・徳島・松山・高知から。北は新潟・金沢から、東は東京・千葉・静岡・名古屋から、西は福岡・長崎・熊本から乗り入れています。

ユニバだけ？　それとも観光も？

目的や予算に合わせてホテルを選ぼう

大阪とその周辺の近県であれば自宅からユニバまで日帰りもできますが、遠征組は宿泊前提でスケジュールを組む必要があります。しかし、どんなホテルを選ぶかは目的や予算などで変動するものです。ユニバを存分に楽しみたいのであれば**オフィシャルホテル**への宿泊がおススメ。理由は単純で、いずれもユニバまで徒歩圏内なので、疲れて休みたいと感じたときに目の前が宿泊先なら気分的に楽ですし、終電を気にすることも、悪天候で電車が止まって帰れなくなることもありません。これに対して**アライアンスホテル**や**アソシエイトホテル**は大阪や神戸のホテルなので、ユニバだけでなく周辺の観光をいっしょに楽しみたい人向けです。宿泊費を押さえたいときはネットの比較サイトも良いですが、ホテルの公式ＨＰから**直接予約**するのも意外とお得です。

オフィシャルホテルとは

オフィシャルホテルはすべてユニバまで徒歩圏内にあります。朝一番で入園することも、閉園時間ギリギリまでゆっくりパークを楽しむこともできます。各オフィシャルホテルでは各種チケットやパークオリジナルグッズの販売、さらにアトラクションの待ち時間を確認することができます。ユニバで活躍するキャラクターたちがデザインされた宿泊ルームやアメニティグッズなどがもらえるホテルもあります。

また幼児と一緒に楽しむファミリーが多いため、幼児向けのおもてなしサービスが充実しています。幼児向けナイトウェアや歯磨き粉はもちろん、事前予約は必要ですが、ベビーベッドやベッドガードなどの無料貸し出しもあります。さらには離乳食の温めや容器の煮沸消毒もしてくれるので、遠慮なくフロントにお願いしょう。

ユニバは目と鼻の先、
終電や渋滞を気にせず
贅沢な1日を楽しんじゃおう

ザ・パークフロントホテル アット ユニバーサル・スタジオ・ジャパン

「パークで見た夢の続きを……」がコンセプトのホテル。アメリカを舞台にした客室までのエレベーターはまるでタイムマシン。古き良きアメリカから未来の世界まで、時間の旅を楽しめます。

また西側の客室からはパーク全体を上から眺めることができるので、パークの夜景を存分に楽しむことができます。

ホテルを出ると目の前にパークのエントランスが見えるほど近いので、パークへのアクセスは文句なしです。併設しているテナントも「WOLFGANG PUCK PIZZA BAR」「pinkberry」といったアメリカのショップのほか、「CANDY SHOW TIME」「Eggs'n Things」やおなじみの「タリーズコーヒー」「ローソン」などが入っていてとても便利。

住所： 大阪府大阪市此花区島屋6丁目2番52号
TEL： 06-6460-0109
最寄り駅： ユニバーサルシティ駅
USJまで： 徒歩1分
価格： 17,000円～（大人1名利用）
備考： 個人向けパス全種類販売

ホテル近鉄ユニバーサル・シティ

セサミストリートのキャラクターたちをコンセプトにした「ユニバーサル・ウキウキ・ラッキー・フロア」や「ユニバーサル・ワクワク・ハッピー・フロア」が大人気。夏休みや冬休みなどはすぐに埋まってしまうので、利用したい方はとにかく早めに予約が必要。ここでしか手に入らないコラボレーショングッズなどが特典としてもらえます。

宿泊プランによっては、さらにオリジナルグッズがもらえることも。グッズは定期的に変わります。早割りプランもあるので、予定が決まったらすぐに予約を。

ホテル内にはパーク直営ストア「ユニバーサル・スタジオ・ストア」があり、パーク内と同じグッズを購入することができます。

住所： 大阪市此花区島屋6-2-68
TEL： 06-6465-6000
最寄り駅： ユニバーサルシティ駅
USJまで： 徒歩2分
価格： 14,100円～（大人1名利用）
備考： 個人向けパス全種類販売　キャラクタールーム、キャラクターアメニティ&グッズ、グッズ販売

ホテル京阪ユニバーサル・シティ

ユニバーサルシティ駅に一番近く、ＪＲで行く方に便利。同じホテル京阪でユニバーサル・タワーが目の前にあり、こちらも駅に近いため間違えないようにしよう。

ホテル内はハリウッド映画のストーリーをモチーフにした装飾がほどこされていて、ユニバの余韻に浸ることができます。３階フロアを中心に撮影スポットや季節のデコレーションが複数あります。撮影スポットは宿泊客のみ利用できる場所もあり、映画の世界に入ったつもりで撮影が楽しめます。宿泊特典として、ユニバに関わる映画を無料で視聴できるサービスもあります。

４階にランドリーコーナーがありますので、汗で汚れてしまった服もすぐに洗濯することができます。１階にはコインロッカーもありますので、チェックアウト後の荷物はここにいったん預けましょう。

住所： 大阪市此花区島屋６丁目2-78
TEL： 06-6465-0321
最寄り駅： ユニバーサルシティ駅
ＵＳＪまで： 徒歩２分
価格： 1.5デイ・スタジオ・パス付きプラン 34,200円～（大人2名利用）
備考： 個人向けパス全種類販売

ホテル京阪ユニバーサル・タワー

飛行船をイメージした地上１２０ｍのスカイレストラン＆バーからはパークの夜景を眺められます。ロマンチックな時間をすごした後は、宿泊客のみが入れるで展望天然温泉に浸かってり疲れを癒そう。広い窓から見おろす大阪の街はまさに絶景。地下１０００ｍの天然温泉を、地上１１０ｍの31階まで汲み上げることで、温泉に入りながらこの絶景を堪能することが可能になっています。宿泊特典として、ユニバに関わる映画を無料で視聴できるサービスやチェックイン前だけでなくチェックアウト後でも荷物を預かってくれるサービスがあります。

また公式ＷＥＢサイトから予約するとＪＡＬのマイルが貯まったり、無料でレイトチェックアウトが可能になったりする特典もあります。

住所： 大阪市此花区島屋６丁目2-45
TEL： 06-6465-1001
最寄り駅： ユニバーサルシティ駅
ＵＳＪまで： 徒歩２分
価格： 1.5デイ・スタジオ・パス付きプラン 37,600円～（大人2名利用）
備考： 個人向けパス全種類販売

ホテルユニバーサルポート

海沿いに建つこのホテルは、ユニバーサルシティ駅からパークに向かうルートから少し外れているためか、意外な穴場スポットになっています。

ファミリー向けのサービスが充実していて、子ども用ドアスコープや洗面所に踏み台、洗い場付きのお風呂でお子さんが使いやすい客室が特徴的。レストランもキッズカウンターはお子さん自身でバイキング料理を取ることが可能。カフェメニューは自分の部屋にテイクアウトでき、小腹が空いた時に便利です。

このホテルではユニバのキャラクターの中でミニオン押しですので、ホテル内はミニオンのキャラクターたちがいっぱい。キャラクタールームもミニオン一色で、宿泊特典でもらえるグッズもミニオングッズになっています。

住所： 大阪府大阪市此花区桜島1‐1‐111
TEL： 06-6463-5000
最寄り駅： ユニバーサルシティ駅
USJまで： 徒歩3分
価格： 1.5デイ・スタジオ・パス付きプラン 39,600円～（大人2名利用）
備考： 個人向けパス全種類販売キャラクタールーム、キャラクターアメニティ＆グッズ、グッズ販売

ザ シンギュラリ ホテル＆スカイスパ アット ユニバーサル・スタジオ・ジャパン

ユニバーサルシティ駅直結のホテルで、現代的な外観にもかかわらず〝和〟をテーマにしたロビーや客室は、木目や優しい緑など和とモダンが融合したインテリアで統一されています。

なかでも「こあがりソファ」は、畳の上にいるかのように、靴を脱いで足をのばしてくつろげるのが特徴。最上階には大展望露天風呂を完備し、窓から見える絶景が旅の疲れを忘れさせてくれます。

利用時間は午後3時から翌午前11時までと夜遅くに利用することが可能なので、大阪の夜景も楽しめます。

なお公式サイトから宿泊予約をするとオリジナルのスヌーピーグッズがもらえます。

住所： 大阪府大阪市此花区島屋6丁目2番25号
TEL： 06-4804-9500
最寄り駅： ユニバーサルシティ駅
USJまで： 徒歩3分
価格： 12,650円～（大人1名利用）
備考： ※2019年12月30日まで1周年価格
個人向けパス全種類販売

ホテル ユニバーサル ポート ヴィータ

オフィシャルホテルとして1周年を迎える比較的新しいホテル。

2019年9月30日までに宿泊すると、ユニバーサル・スタジオ・ジャパンとコラボした「ミニオン オリジナルメッシュポーチ」がプレゼントされる特典があります。

ビュッフェには本格的な石窯が完備されており、焼き立てのピッツァが食べられます。

午後9時半から午後10時半「ホテルのお夜食」と銘打った夜食をレストランで食べることができますので、帰りがちょっと遅れても大丈夫です。

また毎月15日はヴィータの日、朝食ブッフェにステーキが追加されるサービスがあります。肉食系には見逃せないサービスです。

住所： 大阪市此花区島屋6丁目2‐78
TEL： 06-6465-0321
最寄り駅： ユニバーサルシティ駅
USJまで： 徒歩2分
価格： 1.5デイ・スタジオ・パス付きプラン 34,200円～（大人2名利用）
備考： 個人向けパス全種類販売

リーベルホテル アット ユニバーサル・スタジオ・ジャパン（2019年11月13日(水)オープン）

2019年11月13日（水）にオープン予定の最新ホテル。「いままでにないスタイリッシュなホテルステイを提供したい」をテーマに、オフィシャルホテルでは最大の760室をほこります。

また、地下約1000メートルからくみ上げる天然温泉は、ユニバで遊び疲れた体を癒してくれるでしょう。

最寄り駅が、桜島駅とユニバの最寄り駅であるユニバーサルシティ駅のひとつ先の駅になっています。パークまでは徒歩圏内ですが、少し距離があります。

桜島駅はJRゆめ咲線の終着駅ですので、大阪方面へ向かう場合は始発電車に乗ることができますので、座って楽々帰れます。

住所： 大阪府大阪市此花区桜島1‐1‐35
TEL： 06-6462-3333
最寄り駅： 桜島駅
USJまで： 徒歩13分
価格： 未定
備考： 個人向けパス全種類販売

裏

アライアンスホテルとは

ユニバと提携している5つのホテルで、東京や海外などに系列ホテルがある世界的に有名なブランドのホテルです。いずれも大阪市内にありますので、電車や宿泊者向けの無料シャトルバスといった交通機関を使えば、30分以内でユニバへ行くことができる距離にあります。

そのためユニバだけでなく、大阪市内観光も楽しみたいという方は、アライアンスホテルがピッタリです。特に大阪市内のグルメ観光には「ホテル日航大阪」がおススメです。心斎橋が近く、なんばグランド花月アメリカ村などの繁華街が徒歩圏内なので散策してみてはいかがでしょう。アライアンスホテルではオフィシャルホテルと同様、スタジオ・パスを購入することはできるのですが、エクスプレス・パスを扱っていませんので気を付けてください。

大阪市内の世界的に有名な一流系列のホテル

大阪マリオット都ホテル

大阪マリオット都ホテルは、高さ300メートル日本一の超高層複合ビル「あべのハルカス」内にあるホテルで、38階から57階まで360の客室があります。外観からもわかる通り床から天井まで高さがある全面ガラスが特徴的で、部屋か見える大阪の眺望はほかにはありません。

宿泊すると「あべのハルカス」のチケットが無料でもらえたり、宿泊客のみ営業前の展望台ハルカス300に入れるサービスがあります。また、ハルカス近鉄本店からのデリバリーサービスもあります。

住所： 大阪市阿倍野区阿倍野筋1-1-43
TEL： 06-6628-6111
最寄り駅： 大阪阿部野橋駅から徒歩1分
天王寺駅から徒歩3分
USJまで： 電車で約30分
価格： 1デイ・スタジオ・パス付きプラン
30,500円～（大人1名利用）
備考： 個人向けパス全種類販売

帝国ホテル 大阪

すぐ側に毛馬桜之宮公園があり、街中にありながら自然に囲まれたホテルです。

1日10室限定で帝国ホテルのドアマンの制服を着た「ドアマン・スヌーピー」に会える宿泊プランがあります。部屋の中にはドアマン・スヌーピーがあしらわれたマットやタオル、クッションにバスローブが用意されています。

朝食はルームサービスで、スヌーピーをかたどった「すぬーパン」をいただけたり、宿泊者限定グッズがもらえる特典もあります。

また、ここでしか買えないスヌーピーグッズをはじめ、帝国ホテル大阪限定の商品も販売されています。

住所： 大阪市北区天満橋1-8-50
TEL： 06-6881-1111
最寄り駅： 桜ノ宮駅西出口より徒歩5分
大阪駅から無料シャトルバスで15分
USJまで： 電車で約25分
価格： 1デイ・スタジオ・パス付きプラン
備考： 29,630円～（大人1名利用）
個人向けパス全種類販売

得

ホテル日航大阪

大阪の中心ミナミのランドマークで、地下鉄心斎橋駅直結で観光やビジネスにも便利です。徒歩圏内には道頓堀や千日前があり、大阪観光や大阪グルメを満喫するのに最適なホテルです。シンプルで落ち着いた雰囲気の部屋には、ゆったりとしたベッドが置かれ手足を伸ばして寝ることができます。31階のバーラウンジからは夜景を楽しむこともできます。

JホテルマイルJ積算対象プランで宿泊するとJALのマイレージがたまります。

また大阪中心地にあるホテルでは珍しく地下に駐車場があり、車での利用が便利です。

住所： 大阪市中央区西心斎橋1-3-3
TEL： 06-6244-1111
最寄り駅： 心斎橋駅8号出口直結
USJまで： 電車で約20分
価格： 11,482円～（大人1名）
備考： 個人向けパス全種類販売

得

ホテルニューオータニ大阪

ホテルニューオータニ大阪は、大阪城ホールや大阪城が徒歩圏内にあるホテルです。ビジネスだけでなく大阪城ホールで開催されるアーティストのコンサートなどで利用する人も多いようです。ホテルには、チャペルや会議室のほかフィットネスクラブやリラクゼーションサロンもあり宿泊以外での利用もされています。

掃除の行き届いた部屋は快適で、自分好みの枕を選べるサービスがあるのもポイントですね。

また、朝食ビュッフェが有名で100種類のメニューから好きなものを朝からお腹いっぱい食べらるのもうれしいですね。

住所： 大阪市中央区城見1-4-1
TEL： 06-6941-1111
最寄り駅： 大阪城公園駅から徒歩約3分
USJまで： 電車で約25分
価格： 1デイ・スタジオ・パス付きプラン 31,500円～（大人1名利用）
備考： 個人向けパス全種類販売

リーガロイヤルホテル（大阪）

リーガロイヤルホテル（大阪）は、中之島駅に直結しているだけでなく、ＪＲ大阪駅までの無料シャトルバスの本数が多く大阪観光に便利です。

ユニバコラボレーションルームがあり、カラフルでアニメーションの世界に入ったような客室です。部屋には靴を脱いで上がります。ベッドが４つ並んでいるので家族でゆったり眠ることができます。

ホテル内にはドッグホテルの「ドッグホテル　フェリーチェ」があり、ワンちゃんも一緒に旅行ができます。

住所：大阪市北区中之島5-3-68
TEL：06-6448-1121
最寄り駅：中之島駅と地下で直結
ＵＳＪまで：大阪駅から無料シャトルバスで約10分
無料シャトルバス約20分
価格：29,400円～（大人2名利用）
1デイ・スタジオ・パス付きプラン
備考：個人向けパス全種類販売

アソシエイトホテルとは

ユニバと提携しているパートナーホテルという点で、ホテルのランクサービスなどはアライアンスホテルと大きな差はありません。

そのためスタジオ・パスをホテルで入手することができます。アライアンスホテルとの違いがあるとすれば、ホテルが大阪市内だけでなく神戸にもあるということです。神戸と言えば神戸牛のステーキはもちろん、美味しいコーヒーのお店が数多くあることで有名ですので、周辺でグルメ観光を楽しんでみてはいかがでしょうか。

ただ神戸のホテルはユニバまで電車で1時間以上かかってしまうところもありますので、事前に移動時間の確認は必要です。また大阪市内のホテルでもすべてのホテルで無料シャトルバスを運行しているわけではないので、移動ルートや時間は事前に調べておきましょう。

大阪や神戸にあるユニバと提携しているパートナーホテル

アートホテル大阪ベイタワー

住所： 大阪府大阪市港区弁天 1-2-1
TEL： 06-6577-1111
最寄り駅： 弁天町駅直結
USJ まで： 無料シャトルバス約 20 分
価格： 7,130 円～（大人1名）
備考： 個人向けパス全種類販売

大阪メトロ中央線とJR大阪環状線の弁天駅に直結で、大阪市内や大阪港へ向かうのに便利なホテルです。

51階200メートルの高層ホテルで、最上階にある「スカイビュッフェ51」からの眺望は夕焼け・夜景がすばらしいと好評です。

ビジネスはもちろん、カップルやファミリー用の部屋のほか、離乳食などが作れるミニキッチンがある部屋まで用意されていますので、乳幼児がいる家庭にもやさしいホテルです。

ユニバには、電車の他に無料シャトルバスが利用できます。

カンデオホテルズ大阪なんば

住所： 大阪府大阪市中央区東心斎橋 2-2-5
TEL： 06-6212-2200
最寄り駅： なんば駅・心斎橋駅から徒歩 10 分
USJ まで： 電車で約 35 分
価格： 16,500 円～（大人1名）
備考： 個人向けパス全種類販売

オフィシャルホテルのザ シンギュラリ ホテルと同系列のホテルで、2017年7月15日にオープンしたばかりです。屋上階にはスカイスパを完備し、大展望露天風呂の解放感と眺望は旅の疲れを癒してくれます。

朝食ビュッフェは、健康あさごはんと銘打って、作り立ての和食、洋食が楽しめます。

大阪なんばのど真ん中に位置していて、道頓堀まで徒歩8分、なんばCity（ショッピングモール）まで徒歩15分とユニバで遊んで帰ってからも大坂の夜を楽しめます。

クインテッサホテル大阪ベイ

住所： 大阪市住之江区南港北 1-13-6
TEL： 06-6613-7007
最寄り駅： 中ふ頭駅から徒歩4分
USJ まで： 無料シャトルバス約 15 分
価格： 1デイ・スタジオ・パス確約購入プラン 8,612 円～（大人 1 名利用）
備考： 個人向けパス全種類販売

大阪港のあるベイエリアにあるホテルです。電車よりは、大阪駅から無料送迎バスを利用するのと便利です。

車の場合は、ホテル指定の駐車場を利用することで、ホテル側が駐車料金を負担してくれます。そのため実質無料で駐車することができます。

無料送迎バスは、大阪駅のほか、海遊館やユニバにも行っているので大阪観光を観光するにも便利です。ユニバまでは、バスで約15分と近いのもいいですね。

コートヤード・バイ・マリオット新大阪ステーション

住所： 大阪市淀川区宮原 1-2-70
TEL： 06-6350-5701
最寄り駅： 新大阪駅北口から徒歩 1 分
USJ まで： 電車で約 25 分
価格： 17,821 円～（大人1名）
備考： 個人向けパス全種類販売

楽

新大阪駅の新幹線中央出口改札から新大阪駅北口を出て、歩行者デッキを通り徒歩１分と超便利です。また経路に段差がなくキャリーバックでの移動が楽です。そのため、観光目的よりビジネス目的の利用者が多くなります。

　休日より平日の利用者が多い傾向がありますので、予約の参考にしてください。

　ホテル内にはフィットネスルームも完備されていて、宿泊者であれば無料で24時間利用することができます。

さきしまコスモタワーホテル

住所： 大阪府大阪市住之江区南港北1- 14- 16
TEL： 06-6575-7785
最寄り駅： トレーニングセンター前駅 2 番出口から徒歩約 3 分
USJ まで： 無料シャトルバス約 30 分
価格： 9,380 円～（大人1名）
備考： 個人向けパス全種類販売

グランドオープンは２０２０年５月。現在は13階から17階まで１４５部屋でのプレオープン中です。ベイエリアにあるホテルなので、電車よりはなんば駅からのシャトルバスが便利です。

　複合型商業施設ＡＴＣ直結で新たなビジネス拠点として注目されています。

　ユニバまでは無料シャトルバスを運行していますが、今のところは本数が少なく座席も先着順なので注意しましょう。チェックイン時にフロントで確認しておくと安心です。

シェラトン都ホテル大阪

住所： 大阪市天王寺区上本町 6-1-55
TEL： 06-6773-1111
最寄り駅： 大阪上本町駅直結
USJ まで： 電車で約 30 分
価格： 1.5 デイ・スタジオ・パス付きプラン 36,600 円～（大人 2 名利用）
備考： 個人向けパス全種類販売

駅に直結していて、大阪観光だけでなく近鉄を使って奈良方面への観光拠点としても便利です。関西／伊丹空港にはリムジンバスが運行しておりアクセス良好です。

　本格的な室内プールやジムを備えた会員制のクラブがあって、宿泊客はビジター料金で利用することができます。

　駐車場が１０００円で、翌日の17時まで利用可能なので、車を預けたまま大阪観光をすることができます。近鉄百貨店が隣にあるので、気軽にショッピングを楽しむこともできます。

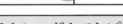

ハイアット リージェンシー 大阪

住所：大阪市住之江区南港北 1-13-11
TEL：06 6612 1234
最寄り駅：中ふ頭駅から徒歩 3 分
大阪駅から無料シャトルバスで 25 分
USJ まで：直行バス約 20 分
価格：11,600 円～（大人1名）
備考：個人向けパス全種類販売

大阪港のあるベイエリアにあります。大阪駅からの無料シャトルバスが便利です。関西／伊丹空港からはリムジンバスが運行していてアクセスも良好です。アーバンリゾートホテルとして、宿泊するだけでなく都会の喧騒を離れてプールやジム、エステティック・サロンにレストラン、そしてバーと昼も夜もリゾート気分を満喫できます。

駐車場が無料なのもポイントです。レンタサイクルを借りて、海遊館や天保山へ足を伸ばしてみてもいいかもしれません。

ホテルグランヴィア大阪

住所：大阪市北区梅田 3-1-1
TEL：06-6344-1235
最寄り駅：大阪駅直結
USJ まで：電車で約 20 分
価格：6,500 円～（大人1名）
備考：個人向けパス全種類販売

得

ＪＲ大阪駅と直結していてビジネス・観光どちらにも便利。大阪駅周辺の眺望も楽しめる部屋では電車の往来を眺めることもできます。また「ＩＣＯＣＡ（イコちゃん）ルーム」があり、ＪＲ西日本のＩＣカード「ＩＣＯＣＡ」のマスコットキャラ、イコちゃんをあしらったグッズやアメニティがそろっています。自慢は１００種類の朝食バイキング。ユニバで1日遊ぶためにも、朝から好きな物をお腹いっぱい食べてエネルギーを補充しましょう。

ホテルシーガルてんぽーざん大阪

住所：大阪市港区海岸通 1-5-15
TEL：06-6575-5000
最寄り駅：大阪港駅から徒歩 5 分
USJ まで：船で約 10 分　電車で約 35 分
価格：10,600 円～（大人2名）
備考：個人向けパス全種類販売

大阪港エリアにあり全室オーシャンビューの客室からは、大阪湾に沈む夕日を見ることができます。ホテルの隣が海遊館、大阪港、天保山マーケットプレースや大観覧車、日本一低い山で知られている天保山がある天保山公園も徒歩数分で行けます。ユニバだけでなく、海遊館を中心としたベイエリアの観光を目的にしていたら最適なホテルになります。

ユニバには、大阪港から船で約10分で行くことができます。

三井ガーデンホテル大阪プレミア

住所： 大阪市北区中之島 3-4-15
TEL： 06-6444-1131
最寄り駅： 渡辺橋駅 2 番出口から徒歩 3 分
大阪駅から無料シャトルバスで約 10 分
USJ まで： 約 35 分
価格： 11,500 円～（大人1名）
備考： 個人向けパス全種類販売

大阪駅から無料のシャトルバスが運行しています。なんばや梅田といった繁華街には、5分くらい歩くと地下鉄肥後橋駅があり一本で移動できます。

　最上階にはガーデンＳＰＡがあり、人工の温泉ですが庭園の緑を見ながらゆっくり旅の疲れを癒せます。

　全室フローリング床で、入口で靴を脱いで上がるスタイルです。

　近くには大阪国際会議場、大阪市立科学館や国立国際美術館があり、ビジネスだけでなく美術館や博物館巡りをしたい観光客には便利なホテルです。

神戸ベイシェラトンホテル&タワーズ

住所： 神戸市東灘区向洋町中 2-13
TEL： 078-857-7000
最寄り駅： アイランドセンター駅直結
USJ まで： 定期バス約 25 分
価格： 11,000 円～（大人 1 名）
備考： 個人向けパス全種類販売

得

海上文化都市六甲アイランドの中心にあって、アイランドセンター駅に直結し便利です。

　宿泊者はいつでも自家源泉の天然温泉を１００％利用した大浴場や露天風呂を堪能することができます。

　朝食ブッフェは、50種類以上のメニューから好きな物が食べられおいしいと評判です。

　セキュリティゲート付のレディースフロアがあって、女性1人でも安心して泊まれます。宿泊者のホテル駐車場は利用無料なので、マイカーでのパーク&ライドもおススメ。

　ユニバには土日祝日だけですが、定期バスの運行があります。

神戸ポートピアホテル

住所： 神戸市中央区港島中町 6-10-1
TEL： 078-302-1111
最寄り駅： 市民広場駅から徒歩 1 分
新神戸駅から無料シャトルバスで約 25 分
三ノ宮駅から無料シャトルバスで約 15 分
USJ まで： 直行バス約 45 分（有料）
価格： ※要予約、土日祝日、春休み・夏休み・冬休みのみ運行　11,481 円～（大人 1 名）
備考： 個人向けパス全種類販売

三ノ宮駅や新神戸駅から無料シャトルバスが便利です。

　施設には宿泊客限定のフィットネス&スパなどの施設に加えて、13のレストラン、屋外プールにテニスコート、チャペル、大小の宴会場や会議室、国際会議場まであります。

　また駐車場には、充電スタンドが設置されていて電気自動車の方も朝には満タンで出掛ける事ができます。さらにカーシェアリングステーションがありますので、ちょっと車で遠出したい方に便利です。

ホテルオークラ神戸

住所： 神戸市中央区波止場町２−１
TEL： 078-333-0111
最寄り駅： 元町駅から徒歩 10 分
三ノ宮駅から無料シャトルバスで約 10 分
USJ まで： 電車で約 65 分
価格： 9,584 円〜（大人 1 名）
備考： 個人向けパス全種類販売

周辺施設にはポートタワーや神戸ハーバーランド umie、繁華街の三ノ宮がありますので、大人から子どもまで楽しむことができます。すぐ近くには神戸アンパンマンこどもミュージアム＆モールがあります。入場券とオリジナル特典が付いた宿泊プランがあります。そのプランではアンパンマンスイートルームを利用することができます。

またホテルのレストランやバーからは、美しい神戸の夜景を眺めながら食事などを楽しむことができます。

ホテルヒューイット甲子園

住所： 西宮市甲子園高潮町 3-30
TEL： 0798-48-1111
最寄り駅： 甲子園駅徒歩 2 分
USJ まで： 電車で約 25 分
価格： 8,700 円〜（大人 1 名）
備考： 個人向けパス全種類販売

甲子園球場が目と鼻の先ですので、プロ野球の試合がある期間や特に高校野球シーズンは非常に混雑しますが、野球観戦の拠点としても最適なホテル。

また、ららぽーと甲子園に併設されているキッザニア甲子園の入場券を優待料金で購入できる公式ホームページ予約限定の宿泊プランがあります。

また近くには日本一の酒処、灘五郷の今津郷、西宮郷があり、西宮郷にある日本盛・酒蔵通り『煉瓦館』ではガラス細工の体験をすることができます。

ホテルプラザ神戸

住所： 神戸市東灘区向洋町中 2-9-1
TEL： 078-846-5400
最寄り駅： アイランドセンター駅徒歩約 3 分
USJ まで： 定期バス約 25 分
価格： 5,700 円〜（大人 1 名）
備考： 個人向けパス全種類販売

得

六甲アイランドの中心にある複合施設・神戸ファッションプラザ内のホテル。客室はすべて12階以上のフロアにあるので、東側は大阪湾、西側は神戸港を展望できます。

周囲に高層の建物が少ないため、ほぼすべての部屋から神戸の夜景を楽しむことができます。平日のランチタイムには時間無制限のランチバイキングを実施中です。また完全個室貸切（3時間）でママ会＆女子会のランチやディナーを楽しめるプランもあります。

ユニバーサル・シティウォーク大阪って、こんなところ

ユニバから徒歩圏内 買い物や食事などが楽しめる場所

ユニバを堪能した後に夕飯をと思えば、ユニバーサル・シティウォーク大阪へというのは、お決まりのコースかもしれません。こちらはホテル京阪ユニバーサル・シティおよび、ホテル近鉄ユニバーサル・シティの2つのオフィシャルホテルと直結しています。

そのため、宿泊者が利用することも珍しくありません。和食からイタリアン、ステーキまで食べたいジャンルは、ひと通りそろっているのですが、ちょっと不思議なこともあるのです。マクドナルドや大戸屋、サイゼリアなど、存在しているハズの店舗の一部が公式パンフレットに掲載されていないこと。こちらの店舗に共通していることはホテルやオフィスビルのテナントとして入っていること。ユニバーサル・シティウォーク大阪とは管轄が違うそうです。

CITYWALK ショップリスト

フロア	店名	ジャンル	総席数	営業時間	備考
5F	レッドロブスター	シーフード レストラン	130 席	11:00 ～ 23:00 (L.O. 22:00)	
5F	nolboo	韓国料理	100 席	11:00 ～ 23:00 (L.O. 22:30)	
5F	がんこ	和食レストラン	150 席 （個室： 3 部屋）	11:00 ～ 23:00 (L.O. 22:30)	コースメニューは 2 日前までのご予約が必要となります。
5F	しのぶ庵	石臼挽きそば	90 席	11:00 ～ 23:00 (L.O. 22:00)	
5F	いなば和幸	とんかつ	60 席	11:00 ～ 23:00 (L.O. 22:00)	
5F	しゃぶ菜	しゃぶしゃぶ・ すき焼き・寿司	110 席	11:00 ～ 23:00 (最終入店 21:30 L.O.22:00)	
5F	焼肉 カルビチャンプ	焼肉レストラン	142 席	11:00 ～ 23:00	
5F	FUGETSUUSA	お好み焼き	80 席	11:00 ～ 23:00 (L.O. 22:00)	
5F	ゴッチーズビーフ	熟成牛ステーキ・ プレミアム ハンバーグ	65 席	11:00 ～ 23:00 (L.O. 22:00)	
5F	ポムの樹	オムライス レストラン	64 席	11:00 ～ 23:00 (L.O. 22:00)	
5F	風神雷神 RA-MEN	ラーメン	62 席	11:00 ～ 23:00 (L.O. 22:00)	

CITYWALK ショップリスト

フロア	店名	ジャンル	総席数	営業時間	備考
5F	鎌倉パスタ	生パスタ専門店	68 席	11:00 ～ 23:00 (L.O. 22:00)	
5F	神戸元町ドリア	チーズフォンデュ ドリア	60 席	11:00 ～ 23:00 (L.O. 22:00)	
5F	モアナ キッチン	ハワイ料理	80 席	11:00 ～ 23:00 (L.O. 22:00)	
5F	ババ・ガンプ・ シュリンプ	アメリカン シーフード レストラン	157 席	11:00 ～ 23:00 (L.O. 22:00)	サービス料有 (10%) 一部コースは前日までのご予約が必要となります。
4F	ハードロック カフェ	アメリカン レストラン & バー	290 席	11:00 ～ 23:00 (L.O. 22:00)	サービス料 10%
4F	串家物語	串揚げビュッフェ	76 席	11:00 ～ 16:00 (L.O.15:30) 16:00 ～ 23:00 (L.O.22:00)	
4F	The Backstage Dressing Room	サービス	ー	9:00 ～ 22:00	メイク & ドレッシングエリアおよびコインロッカーの利用料金は駐車場サービス券発行の対象外となります。
4F	BISTRO 309	ベーカリー レストラン	64 席	11:00 ～ 23:00 (L.O. 22:00)	
4F	大阪玉出 会津屋	TAKOPA (TAKOYAKI PARK)	34 席	11:00 ～ 22:00	
4F	たこ家 道頓堀くくる	TAKOPA (TAKOYAKI PARK)	64 席	11:00 ～ 22:00	
4F	大阪アメリカ村 甲賀流	TAKOPA (TAKOYAKI PARK)	62 席	11:00 ～ 22:00	

CITYWALK ショップリスト

フロア	店名	ジャンル	総席数	営業時間	備考
4F	あべのたこやき やまちゃん	TAKOPA (TAKOYAKI PARK)	約 28 席	11:00 ～22:00	
4F	十八番	TAKOPA (TAKOYAKI PARK)	38 席	11:00 ～22:00	
4F	玉屋	TAKOPA (TAKOYAKI PARK)	26 席	11:00 ～22:00	
4F	エディオン	家電・雑貨 (Tax Free Shop)	―	11:00 ～21:00	
4F	TGI フライデーズ ユニバーサル・ シティ和幸ビル店	アメリカン レストラン&バー	170 席	11:00 ～23:00 (L.O. 22:00)	
3F 4F	サンマルク カフェ & バー	カフェ & バー	142 席	7:00 ～ 22:30 (L.O.22:30)	
3F 4F	ユニバーサル・スタジオ・ ストア　ユニバーサル・ シティウォーク大阪店	パーク・ オフィシャル ショップ	―	8:00 ～ 22:00	パークオープン時間他都合により開店時間は異なります。
3F 4F	Gap Factory Store	メンズ・レディス・ キッズ・ベビー	―	10:00 ～22:00	
3F	ROCK SHOP	ファッション・ 雑貨	―	【3F ROCK SHOP】 10:00 ～23:00	
3F	AEN TABLE	自然食 バイキング	138 席	ランチ 11:00 ～ 16:00 ディナー 16:00 ～ 23:00	
3F	モスバーガー	ハンバーガー	118 席	8:30 ～ 22:00 (L.O.21:30)	

CITYWALK ショップリスト

フロア	店名	ジャンル	総席数	営業時間	備考
3F	京都勝牛	牛カツ専門店	31席	10:00～23:00 (L.O.22:00)	
3F	FUNFUN	手作りおにぎり	カウンター 5席	9:00～22:00	
3F	ウムウム グッド ブリトーズ！	ブリトー専門店	3席	10:00～22:00	
3F	ポップコーンパパ	ポップコーン	無	9:00～22:00	テイクアウトのみ
3F	ムーミンスタンド	ドリンクスタンド	無	9:00～22:00	テイクアウトのみ
3F	しゃぶ菜	しゃぶしゃぶ・ すき焼き・寿司	無	9:00～22:00	テイクアウトのみ
3F	Little OSAKA	おみやげ マーケット	―	9:00～22:00	
3F	551蓬莱	豚まん	無	10:00～22:00	テイクアウトのみ
3F	PIZZA NAPOLETANO	ピッツァカフェ	83席	10:00～22:00	
3F	杵屋麦丸	讃岐うどん	63席	10:00～22:00 (L.O.21:30)	
3F	ローマ軒	焼スパ ＆ピッツァバール	57席	10:00～22:00 (L.O.21:30)	

CITYWALK ショップリスト

フロア	店名	ジャンル	総席数	営業時間	備考
3F	LAWSON	コンビニエンスストア	―	24 時間	
3F	マツモトキヨシ	ドラッグストア	―	10:00 ～ 22:00	
3F 4F	サンマルク カフェ & バー	カフェ & バー	142 席	7:00 ～ 22:30 (L.O.22:30)	
3F	claire's	アクセサリー・雑貨	―	10:00 ～ 22:00	
3F 4F	ユニバーサル・スタジオ・ストア　ユニバーサル・シティウォーク大阪店	パーク・オフィシャルショップ	―	8:00 ～ 22:00	パークオープン時間他都合により開店時間は異なります。
3F 4F	Gap Factory Store	メンズ・レディス・キッズ・ベビー	―	10:00 ～ 22:00	
3F	帽子屋 Flava	ファッション雑貨	―	10:00 ～ 22:00	

大阪には遊びスポットがいっぱい ユニバ以外にも、寄ってみよう！

1. 天保山ハーバービレッジ

ユニバーサルシティポートからシャトル船「キャプテンライン」に乗れば片道約10分で到着するスポットです。こちらには「海遊館」という水族館があります。熱帯魚が泳ぐトンネル型の水槽「魚の通り抜け・アクアゲート」を通ってエスカレーターでまず8階まで上がり、スロープを降りながら見学できるのが特徴的。なかでも注目は4階から6階までぶち抜いた深さ9ｍの巨大な太平洋水槽。ここのシンボルでもある魚類最大のジンベエザメが悠々と泳いでいます。海遊館の隣には天保山公園があり、大観覧車や標高4.5ｍの日本一低い山として有名な天保山があります。ほかにも、近くにはレゴランド・ディスカバリー・センター大阪があるので、いろいろ遊んでみてくださいね。

2. 空中庭園展望台（梅田スカイビル）

大阪駅から7、8分くらい歩いたところに梅田スカイビル「空中庭園展望台」があります。外観が未来の凱旋門と称されるほど美しい建造物で2棟のビルの最上階をまたぐように空中庭園があります。35階までは視界360度のエレベーターに乗って移動しますが、より上の階を目指すのであれば、チューブ型のシースルーエスカレーターに乗り換え、そこから39階にある空中庭園のエントランスへ向かいましょう。こちらの営業時間は10時から22時30分（最終入場は閉館の30分前）までで、休館日はありません。

おススメはスカイ・ウォーク。地上173mの回廊を歩くことができます。特に夜は足元に「ルミ・スカイ・ウォーク」という光る道が出現するので幻想的な雰囲気を楽しめます。

3. めんたいパーク大阪ACT

からし明太子でおなじみ「かねふく」が運営する「めんたいパーク大阪ACT」は、明太子専門のテーマパークです。明太子の歴史や作り方を学べる「めんたいラボ」や、実際の工場で生産される明太子の製造工程がわかる「工場見学」などが無料で体験できます。

できたての明太子は無料で試食してみましょう。もし気に入ったなら、フードコーナーで販売しているできたての明太子がぎっしり詰まった、明太子ジャンボおにぎりやめんたいソフトクリームなどを食べてみてください。ここで密かなおススメはクレーンゲーム。1回100円で遊べますがアームの力が強いため、高確率で明太フランスラスクなどをゲットすることができます。なお景品が取りづらかったり少かったりというときには、店員さんを呼んでみてくださいね。

4. あべのハルカス

地上300メートル日本一のランドマークタワー「あべのハルカス」は、近鉄南大阪線の大阪阿部野橋駅、JR西日本と大阪メトロの天王寺駅、阪堺電気軌道上町線の天王寺駅前停留場から直結していて、便利なところにあります。2006年のハルカス計画当初は、初航空法による高さ制限（約295mの制限区域に入っていたため）があり、270m前後のビルになる予定だったそうです。しかし、2007年春に航空法が改正されて高さ制限がなくなったことを受けて、当時日本一の高さだった「横浜ランドマークタワー」の296mを抜く高さ300mのビルが新たに誕生したのです。なお、大阪マリオット都ホテルの宿泊者には、早朝特別営業の扱いで「ハルカス300」へ、無料で入場できる特典があります。

5. 新世界

昔ながらの大阪を満喫するなら、新世界がおススメ。大阪メトロの恵美須町駅から徒歩3分くらいにあるこのエリアは、NHK連続ドラマ「ふたりっ子」の舞台になったことでも知られていいます。名所は大阪通天閣やジャンジャン横丁など。通天閣の展望台には庶民の味方、木像の神様ことビリケンさんがいます。足の裏を触るとご利益があるそうなので、試してみてはいかがでしょう。一方、ジャンジャン横丁は、古き良き大坂のたたずまいを残している場所です。のんびり散策するだけでものも楽しめる場所ですが、お腹が空いたら大阪名物の「串カツ」をご賞味ください。「だるま」や「てんぐ」、「八重勝」など、超人気店がそろっています。ただし、どのお店で食べるにせよ、ソースの二度付けには注意してくださいね。

6. 枚方パーク

ひらパーの愛称で親しまれている枚方パークは、枚方市出身、V6の岡田准一さんがイメージキャラクターを務めています。京阪電車の枚方公園駅から徒歩約3分のところにあるこちらの前身は香里遊園地。1910年に開業しており、現在営業している遊園地のなかで日本一の歴史があります。地元大阪では、ユニバについで第2位の来場者を誇ります。

ここには絶叫系のコースターから地上80mの大観覧車まで40ほどのアトラクションがあります。一番人気は「木製コースター エルフ」。スピード感や木製独特のガタ揺れが楽しめます。混んでいるときでも30分ほどで乗れます。がっつり遊びたいならフリーパスの購入をおススメしますが、隣接するプール「ザ・ブーン」にはフリーパスが使えないので注意してください。

外国の人に教えたいニッポンの常識
ユニバ周辺だと、ちょっと違う!?

❶ とにかく話を盛りたがる

話
話
話
話
話
もり
もり
もり
スゴーイ！

ダイナミックな雰囲気を醸し出しますが、言うほど大したことはありません。

❷ どれだけ安く買ったかを言いたがる

これ298円やってん！
安いからあげるわーー！
安ーーっ！
大阪クッキー

贈りものをする相手にも安く購入した際の具体的な金額をあげて自慢します。

大阪あるある

せっかちな性分のあらわれなのかもしれません。

❸ エレベーターのボタンを連打してしまう

ガーとか、ダーとか…。勢い任せで具体的な言葉は出てきません。

❹ 会話のなかに、やたら擬音が使われる

当たり前のようで当たり前じゃない「大阪あるある」を、まとめてみました。

知らない人にも「アメちゃんあげる」は、親切行為なのかもしれません。

❺大阪のオバちゃんの鞄にはアメちゃんが入っている

❻どんな話題にもオチを求める

吉本のお笑い仕込みなのか、オチがない話をすると容赦なく突っ込まれます。

Universal Studios Japan　Chapter 5

いざというときのために

USJ お役立ちマップ&小ネタ

◆チケット情報◆

さまざまなチケットを活用してパークを遊びつくそう！

ユニバで利用するチケットには、大きく分けると2種類あります。パークに入園するためのスタジオ・パスというチケットと、入園したパーク内で利用できるチケットで主なものにエクスプレス・パスがあります。チケットはユニバの公式サイト内WEBチケットストアやパークにあるチケットブースなどで購入することができます。パートナーホテルを利用しているのであれば、お得なスタジオ・パス付の宿泊プランが用意されていたり、ホテル内で購入できたりすることもあるので、予約時やチェックインのときにフロントで問い合わせてみましょう。

ちなみにWEBチケットストアでの支払方法がクレジットカードのみとなっていて、購入したチケットをキャンセルすることはできませんが、利用日を変更することは可能となっています。

◆パスチケットリスト◆

スタジオ・パス（入場券）	※スタジオ・パス（入場券）は、パークへの入場とアトラクション（一部有料アトラクションを除く）の利用を含む　再入場不可			
タイプ	**チケット名**	**説明**	**条件**	**価格**
期間限定	**キッズフリー・パス**	**１日券（入場券）** 大人１名につき子ども１名が無料のセット券 関西２府４県（大阪府、京都府、兵庫県、滋賀県、奈良県、和歌山県）在住の方限定 期間限定(2019年7月2日(火)～9月1日(日)) 入場日によって価格変動あり 入場日の子ども価格との差額で年間パス（子ども）を購入可能	**大人** ［12歳以上］	¥6,852 （税込¥7,400）～ ¥8,241 （税込¥8,900）
１日券	**1デイ・スタジオ・パス**	**１日券（入場券）** 入場日によって価格変動あり	**大人** ［12歳以上］	¥6,852～ （税込¥7,400～）
			シニア ［65歳以上］	¥6,204～ （税込¥6,700～）
			子ども ［4～11歳］	¥4,723～ （税込¥5,100～）
	障がい者向け割引スタジオ・パス	**１日券（入場券）** パーク指定の障がい者手帳（＊）をお持ちの方限定 ＊：身体障がい者手帳、療育手帳（愛護手帳、愛の手帳）、精神障がい者保健福祉手帳、被爆者手帳（被爆者健康手帳）、戦傷病者手帳 障がい者手帳をお持ちの方１名に対して同伴者１名に限り、障がい者向け割引スタジオ・パスを購入できます	**大人** ［12歳以上］	¥3,797 （税込¥4,100）
			子ども ［4～11歳］	¥2,593 （税込¥2,800）
	ロイヤル・スタジオ・パス	**１日券（入場券）** ウィザーディング･ワールド･オブ･ハリー･ポッター入場確約券付き 人気の対象アトラクションの待ち時間を短縮 ※エクスプレス・パスの待ち列からご案内します 「ウォーターワールド」「ユニバーサル・モンスター・ライブ・ロックンロール・ショー」への入場ご案内 当日パーキングを無料でご利用可 購入時に、ウィザーディング・ワールド・オブ・ハリー・ポッター入場時間、および時間指定アトラクションの体験時間をお選びください。在庫がない場合は、選択できません。 入場日によって価格変動あり	**大人** ［12歳以上］	¥24,908～ （税込¥26,900～）
			子ども ［4～11歳］	¥22,315～ （税込¥24,100～）

210ページへ続く

◆パスチケットリスト◆

209 ページの続き

タイプ	チケット名	説明	条件	価格
複数日券	1.5 デイ・スタジオ・パス	連続した 1.5 日券（入場券） 初日は 15:00 から、2 日目は 1 日中楽しめる	大人 ［12 歳以上］	¥11,389 （税込¥12,300）
			子ども ［4 ～ 11 歳］	¥7,778 （税込¥8,400）
	2 デイ・スタジオ・パス	連続した 2 日券（入場券）	大人 ［12 歳以上］	¥13,612 （税込¥14,700）
			子ども ［4 ～ 11 歳］	¥9,260 （税込¥10,000）
Club ユニバーサル会員（登録無料）限定	バースデー・1 デイ・パス	**1 日券（入場券）** 誕生月とその翌月は、特別価格。Club ユニバーサル会員ご本人および登録しているご家族が対象。1 回の購入で誕生月のご本人と同伴者 5 名まで購入可能。入場日によって価格が異なります。期間限定：Club ユニバーサル会員のご本人、および登録されているご家族の誕生月とその翌月の 2 ヶ月間	大人 ［12 歳以上］	¥6,389 ～ （税込¥6,900 ～）
			子ども ［4 ～ 11 歳］	¥4,445 ～ （税込¥4,800 ～）
	バースデー・2 デイ・パス	**連続した 2 日券（入場券）** 誕生月とその翌月は、特別価格。Club ユニバーサル会員ご本人および登録しているご家族が対象。1 回の購入で誕生月のご本人と同伴者 5 名まで購入可能。期間限定：Club ユニバーサル会員のご本人、および登録されているご家族の誕生月とその翌月の 2 ヶ月間	大人 ［12 歳以上］	¥12,686 （税込¥13,700）
			子ども ［4 ～ 11 歳］	¥8,704 （税込¥9,400）
ギフト向けチケット	ギフト・パス	1 日券（受取った方が、有効期間（1 年間）のうち 1 日を選んで利用できるチケット） オリジナルメッセージカード付き	大人 ［12 歳以上］	¥8,334 （税込¥9,000）
			子ども ［4 ～ 11 歳］	¥5,741 （税込¥6,200）
	ギフト・パス（ぬいぐるみ付き）	1 日券（受取った方が、有効期間（1 年間）のうち 1 日を選んで利用できるチケット） オリジナルメッセージカード付き	大人 ［12 歳以上］	¥8,334 （税込¥9,000）
			子ども ［4 ～ 11 歳］	¥5,741 （税込¥6,200）
	ぬいぐるみ（ミニオン）	ギフト・パス（ぬいぐるみ付き） 1 回の購入に 1 個付けることが可能	1 個	¥3,334 （税込¥3,600）
	ギフト・パス（賞品パネル用データ付き）	1 日券（受取った方が、有効期間（1 年間）のうち 1 日を選んで利用できるチケット） オリジナルメッセージカード付き オリジナル賞品パネル用データ付き	大人 ［12 歳以上］	¥8,334 （税込¥9,000）
			子ども ［4 ～ 11 歳］	¥5,741 （税込¥6,200）

◆年間パスチケットリスト◆

年間パス購入特典（共通）		◆同伴者の「スタジオ・パス」をいつでも割引 ◆誕生月にご入場で、同伴者の「スタジオ・パス」を大幅割引 ◆公式パーキング（駐車場）￥1,000（税込）割引 ◆メールニュースでおトク情報の配信		
タイプ	**チケット名**	**説明**	**条件**	**価格**
年間パス	**ユニバーサル 年間パス・ライト**	除外日あり（年間約70日） 年間パス限定特典付き 有効期間開始日はその日が除外日でも入場可能	大人 ［12歳以上］	￥18,334 （税込￥19,800）
			子ども ［4～11歳］	￥12,500 （税込￥13,500）
	ユニバーサル 年間パス	除外日あり（年間約20日） 年間パス限定特典付き 有効期間開始日はその日が除外日でも入場可能	大人 ［12歳以上］	￥23,889 （税込￥25,800）
			子ども ［4～11歳］	￥16,204 （税込￥17,500）
	ユニバーサル 年間パスVIP	除外日なし 年間パス限定特典付き	大人 ［12歳以上］	￥34,075 （税込￥36,800）
			子ども ［4～11歳］	￥23,334 （税込￥25,200）
年間スタジオ・パス・プラス（クレジットカード機能付き）	**年間スタジオ・パス・プラス ユニバーサル 年間パス・ライト**	除外日あり（年間約70日）　クレジットカード機能付き　年間パス限定特典付き 年間スタジオ・パス・プラス限定特典付き 有効期間開始日はその日が除外日でも入場可能	大人 ［満18歳以上］ （高校生除く）	￥18,334 （税込￥19,800）
	年間スタジオ・パス・プラス ユニバーサル 年間パス	除外日あり（年間約20日）　クレジットカード機能付き　年間パス限定特典付き 年間スタジオ・パス・プラス限定特典付き 有効期間開始日はその日が除外日でも入場可能	大人 ［満18歳以上］ （高校生除く）	￥23,889 （税込￥25,800）
	年間スタジオ・パス・プラス ユニバーサル 年間パスVIP	除外日なし クレジットカード機能付き 年間パス限定特典付き 年間スタジオ・パス・プラス限定特典付き	大人 ［満18歳以上］ （高校生除く）	￥34,075 （税込￥36,800）

212ページへ続く

◆年間パスチケットリスト◆

211 ページの続き

タイプ	チケット名	説明	条件	価格
ギフト向けチケット	ギフト年間パス・ライト	除外日あり（年間約 70 日） 年間パス限定特典付き ギフト年間パス限定オリジナル特典付き オリジナルメッセージカード付き 有効期間開始日はその日が除外日でも入場可能	大人 ［12 歳以上］	¥19,260 （税込¥20,800）
			子ども ［4 ～ 11 歳］	¥13,426 （税込¥14,500）
	ギフト年間パス	除外日あり（年間約 20 日） 年間パス限定特典付き ギフト年間パス限定オリジナル特典付き オリジナルメッセージカード付き 有効期間開始日はその日が除外日でも入場可能	大人 ［12 歳以上］	¥24,815 （税込¥26,800）
			子ども ［4 ～ 11 歳］	¥17,130 （税込¥18,500）
	ギフト年間パス VIP	除外日なし 年間パス限定特典付き ギフト年間パス限定オリジナル特典付き オリジナルメッセージカード付き	大人 ［12 歳以上］	¥35,000 （税込¥37,800）
			子ども ［4 ～ 11 歳］	¥24,260 （税込¥26,200）
	ギフト年間パス・ライト（ぬいぐるみ付き）	除外日あり（年間約 70 日） 年間パス限定特典付き ギフト年間パス限定オリジナル特典付き オリジナルメッセージカード付き 有効期間開始日はその日が除外日でも入場可能	大人 ［12 歳以上］	¥19,260 （税込¥20,800）
			子ども ［4 ～ 11 歳］	¥13,426 （税込¥14,500）
	ギフト年間パス（ぬいぐるみ付き）	除外日あり（年間約 20 日） 年間パス限定特典付き ギフト年間パス限定オリジナル特典付き オリジナルメッセージカード付き	大人 ［12 歳以上］	¥24,815 （税込¥26,800）
			子ども ［4 ～ 11 歳］	¥17,130 （税込¥18,500）
	ギフト年間パス VIP（ぬいぐるみ付き）	除外日なし 年間パス限定特典付き ギフト年間パス限定オリジナル特典付き オリジナルメッセージカード付き	大人 ［12 歳以上］	¥35,000 （税込¥37,800）
			子ども ［4 ～ 11 歳］	¥24,260 （税込¥26,200）
	ぬいぐるみ（ミニオン）	ぬいぐるみ付きのギフト 1 回の購入に 1 個付けることが可能	1 個	¥3,334 （税込¥3,600）

213 ページへ続く

◆年間パスチケットリスト◆

212 ページの続き

タイプ	チケット名	説明	条件	価格
ギフト向けチケット	ギフト年間パス・ライト（賞品パネル用データ付き）	除外日あり（年間約 70 日） 年間パス限定特典付き ギフト年間パス限定オリジナル特典付き オリジナルメッセージカード付き パーティを盛り上げるオリジナル賞品パネル用データ付き 有効期間開始日はその日が除外日でも入場可能	大人［12 歳以上］	￥19,260（税込￥20,800）
			子ども［4 ～ 11 歳］	￥13,426（税込￥14,500）
	ギフト年間パス（賞品パネル用データ付き）	年間パス限定特典付き ギフト年間パス限定オリジナル特典付き オリジナルメッセージカード付き パーティを盛り上げるオリジナル賞品パネル用データ付き 有効期間開始日はその日が除外日でも入場可能	大人［12 歳以上］	￥24,815（税込￥26,800）
			子ども［4 ～ 11 歳］	￥17,130（税込￥18,500）
	ギフト年間パス VIP（賞品パネル用データ付き）	除外日なし 年間パス限定特典付き ギフト年間パス限定オリジナル特典付き オリジナルメッセージカード付き パーティを盛り上げるオリジナル賞品パネル用データ付き	大人［12 歳以上］	￥35,000（税込￥37,800）
			子ども［4 ～ 11 歳］	￥24,260（税込￥26,200）

年間パスがお得な理由

通常のスタジオ・パスは一度ユニバを退園してしまうと、その日のうちでも再入園に改めて料金が掛かかるので、「年間パス」を購入するほうが圧倒的にお得です。

その理由は、以下の通り

- ３回行けば元が取れる
- 出入りが自由なので、ユニバの外で外食できる
- ユニバ内は休憩場所がないので滞在中のオフィシャルホテルで小休止できる
- ユニバ内で買い物すれば抽選に参加できる
- ユニバからお得情報のメルマガが送られてくる etc.

◆その他チケットリスト◆

タイプ	チケット名	説明	条件	価格
期間限定「ユニバーサル・クールジャパン2019」	クールジャパン・エクスプレス・パス3～サマー・ターム～	「進撃の巨人・ザ・リアル」 「ゴジラ対エヴァンゲリオン・ザ・リアル4-D」 「美少女戦士セーラームーン・ザ・ミラクル4-D」 の待ち時間を短縮 入場日によって価格変動あり	入場日 2019年1月18日～8月25日	¥4,445～ (税込¥4,800～)
	クールジャパン・エクスプレス・パス1～進撃の巨人・スペシャル～	「進撃の巨人・ザ・リアル」 の待ち時間を短縮 入場日によって価格変動あり	入場日 2019年1月18日～8月25日	¥2,482～ (税込¥2,680～)
毎日販売	ユニバーサル・エクスプレス・パス7～シング・オン・ツアー～	ウィザーディング・ワールド・オブ・ハリー・ポッター™入場確約券付き 全部で7つの人気アトラクションの待ち時間を短縮 入場日によって価格変動あり		¥9,630～ (税込¥10,400～)
	ユニバーサル・エクスプレス・パス7～ザ・フライング・ダイナソー～	ウィザーディング・ワールド・オブ・ハリー・ポッター™入場確約券付き 全部で7つの人気アトラクションの待ち時間を短縮 入場日によって価格変動あり		¥9,630～ (税込¥10,400～)
	ユニバーサル・エクスプレス・パス7～バックドロップ～	ウィザーディング・ワールド・オブ・ハリー・ポッター™入場確約券付き 全部で7つの人気アトラクションの待ち時間を短縮 入場日によって価格変動あり		¥9,630～ (税込¥10,400～)
	ユニバーサル・エクスプレス・パス7～スペース・ファンタジー・ザ・ライド～	ウィザーディング・ワールド・オブ・ハリー・ポッター™入場確約券付き 全部で7つの人気アトラクションの待ち時間を短縮 入場日によって価格変動あり	入場日 2019年7月13日～	¥10,000～ (税込¥10,800～)
	ユニバーサル・エクスプレス・パス4～シング・オン・ツアー～	全部で4つの人気アトラクションの待ち時間を短縮 入場日によって価格変動あり		¥6,297～ (税込¥6,800～)
	ユニバーサル・エクスプレス・パス4～ザ・フライング・ダイナソー～	ウィザーディング・ワールド・オブ・ハリー・ポッター™入場確約券付き 全部で4つの人気アトラクションの待ち時間を短縮 入場日によって価格変動あり		¥6,297～ (税込¥6,800～)
	ユニバーサル・エクスプレス・パス4～ミニオン・ライド～	ウィザーディング・ワールド・オブ・ハリー・ポッター™入場確約券付き 全部で4つの人気アトラクションの待ち時間を短縮 入場日によって価格変動あり		¥6,297～ (税込¥6,800～)
	ユニバーサル・エクスプレス・パス4～スペース・ファンタジー・ザ・ライド～	ウィザーディング・ワールド・オブ・ハリー・ポッター™入場確約券付き 全部で4つの人気アトラクションの待ち時間を短縮 入場日によって価格変動あり	入場日 2019年7月13日～	¥7,223～ (税込¥7,800～)
	ユニバーサル・エクスプレス・パス3～スペース・ファンタジー・ザ・ライド～	全部で3つの人気アトラクションの待ち時間を短縮 入場日によって価格変動あり	入場日 2019年7月13日～	¥4,445～ (税込¥4,800～)

215ページへ続く

◆その他チケットリスト◆

214 ページの続き

タイプ	チケット名	説明	条件	価格
2019年 7月2日(火) ~9月1日(日)	ウォーター・サプライズ・パレード「360°ビショ濡れ！ 特別エリア」入場券	「ウォーター・サプライズ・パレード」を特別エリアで体験 入場日によって価格変動あり	入場日	¥1,204～ (税込¥1,300～)
「ワンピース・プレミア・サマー」 2019年 6月26日(水) ~9月29日(日)	ワンピース・プレミアショー 2019	「ワンピース・プレミアショー 2019」を体験 シートによって価格変動あり	大人 ［12 歳以上］	¥1,834～ (税込¥1,980～)
			子ども ［4～11 歳］	¥908～ (税込¥980～)
	サンジの海賊レストラン	サンジの愛あふれるおもてなし、 極上フレンチを堪能	大人 ［12 歳以上］	¥4,612 (税込¥4,980)
			子ども ［4～11 歳］	¥2,408 (税込¥2,600)
開催日のみ販売	ユニバーサル・スペクタクル・ナイトパレード特別鑑賞エリア入場券	「ユニバーサル・スペクタクル・ナイトパレード」を特別鑑賞エリアで鑑賞 入場日によって価格変動あり		¥1,204 (税込¥1,300)
	グリーティング・フォト時間予約券	ミニオン、スヌーピーとフォトが撮れる「フォーティセカンド・ストリート・スタジオ」の事前予約 撮影した画像は、オリジナルホルダーに入れて持ち帰り可	1枚で10名まで利用できます。ただし、持ち帰りができるフォトとオリジナルホルダーは、1枚につき1セット	¥2,778 (税込¥3,000)
	ユニバーサル VIP ツアー 楽	専属のツアー・ガイドがパークの見どころをご紹介 人気アトラクションの中から3つを優先案内 ウィザーディング・ワールド・オブ・ハリー・ポッター™内の3つのアトラクションとショップを優先案内 入場日によって価格変動あり	1名	¥9,167～ (税込¥9,900～)
	ユニバーサル VIP エクスペリエンス	専任ガイドがご要望を伺い、あなただけの特別な1日をカスタマイズ 最短ルートでアトラクションへご案内 シーズナルアトラクションやパレード、ショーにもご案内（一部を除く） パーク内レストランでのお食事 ツアー後も利用できるエクスプレス・パス付き	1～4名 5～10名でご利用の場合は、1名につき¥50,000～（税込）、4名を超える追加人数分をご購入ください	¥231,482～ (税込¥250,000～)

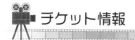

フォトクルー＆グリーティング 全体MAP

撮影スポット
ミニオンまたはスヌーピーとのツーショット写真が可能。Webで予約可能
「フライング・ダイナソー」に乗っている人がゆっくりと上へ上がっていくので撮影しやすいスポット
「フライング・ダイナソー」のフォト・サービスの写真はこのあたりから撮影します。
ミニオンたちとのグリーティングの基本的な開催は土日祝日は午前中、平日ならお昼過ぎ。
ジョーズがランドマーク代わりになるので待ち合わせ場所としても非常に便利。
S
W
E
N

アトラクションやグリーティングの思い出には、有料ですがフォトクルーによる撮影をお願いしてみるのも良いでしょう。写真の腕は確かなので安心してまかせられます。

ハリーポッターエリア

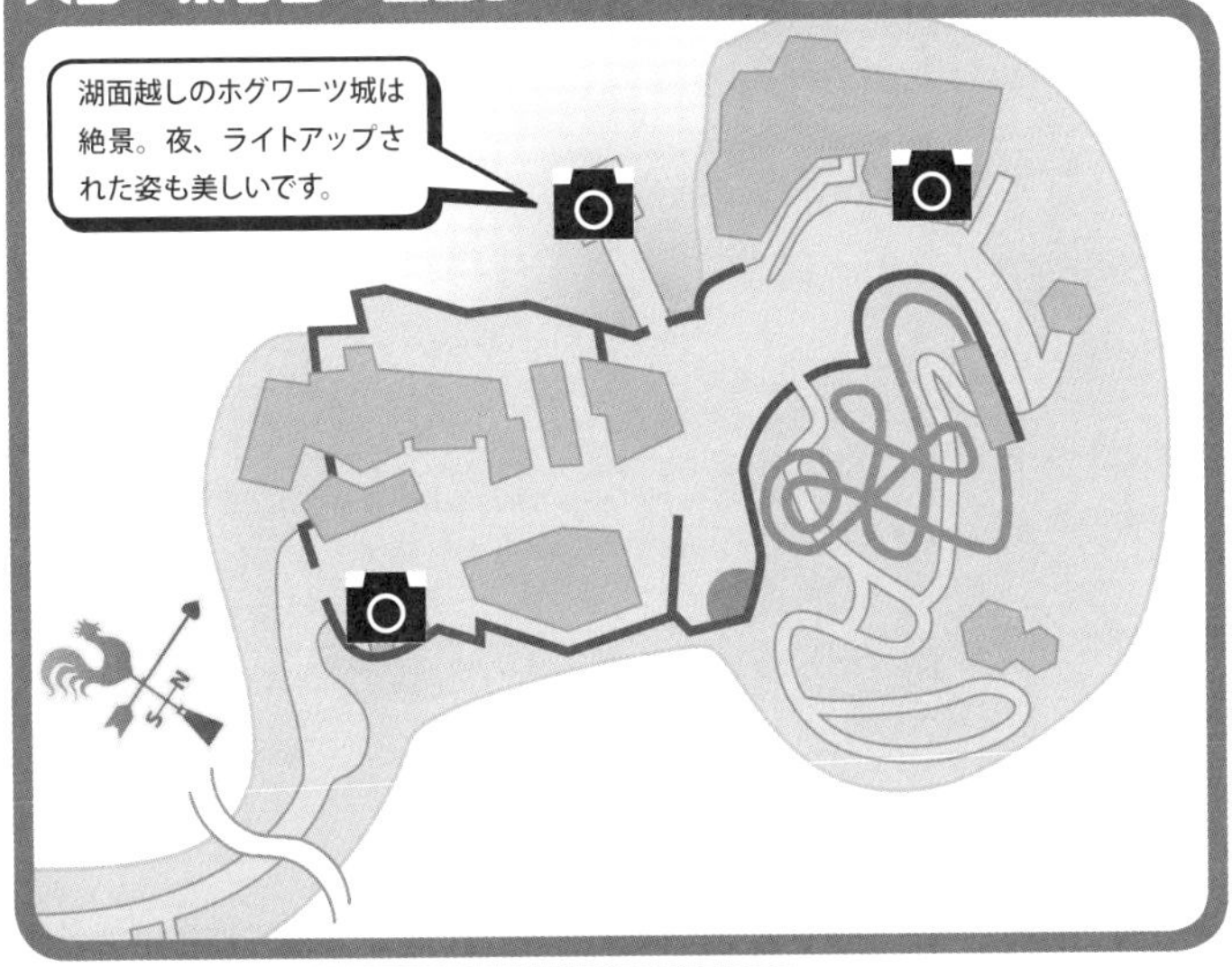
湖面越しのホグワーツ城は絶景。夜、ライトアップされた姿も美しいです。

ワンダーランドエリア

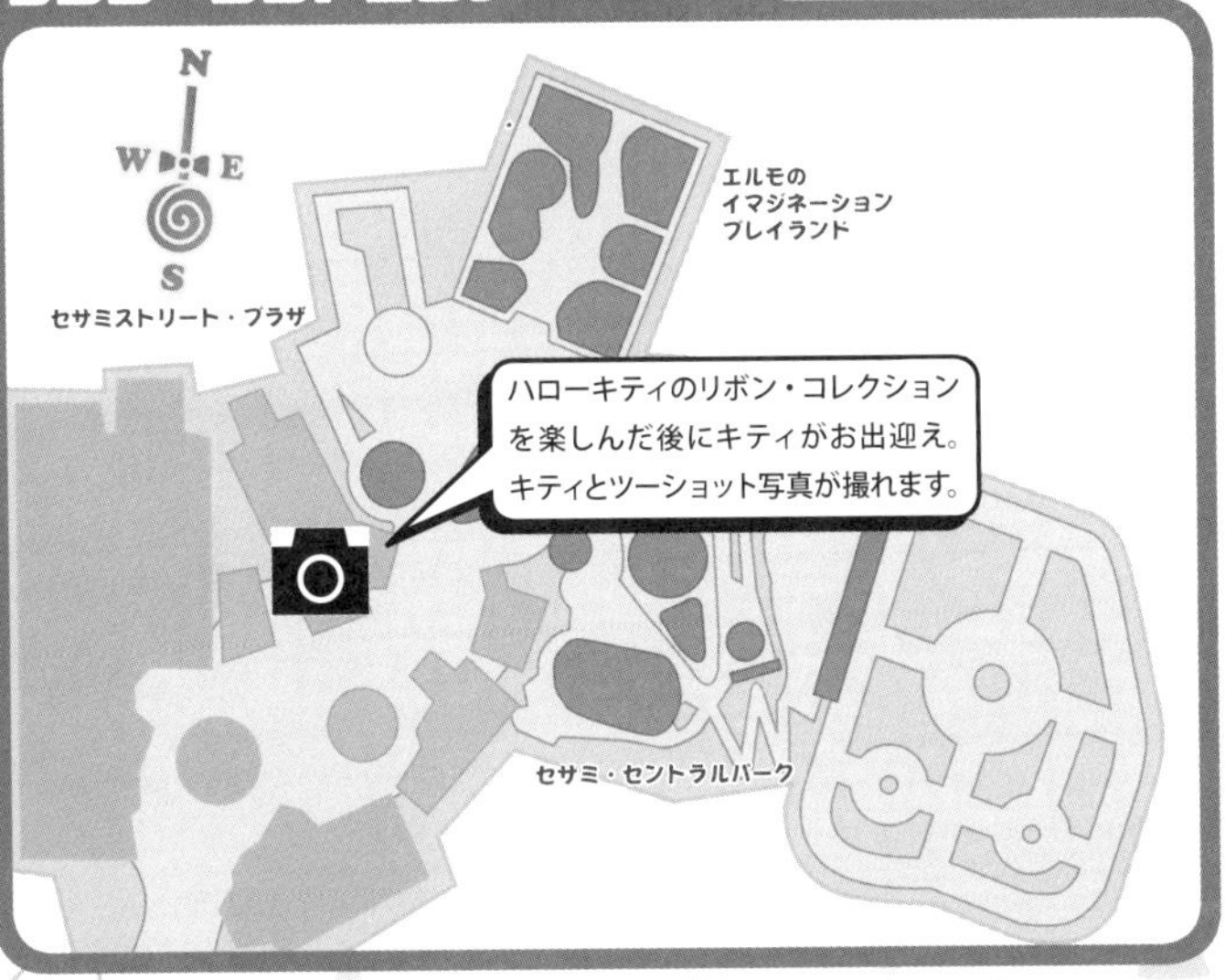
N
W
E
S
エルモのイマジネーションプレイランド
セサミストリート・プラザ
ハローキティのリボン・コレクションを楽しんだ後にキティがお出迎え。キティとツーショット写真が撮れます。
セサミ・セントラルパーク

段差・階段（バリアフリー）

全体MAP

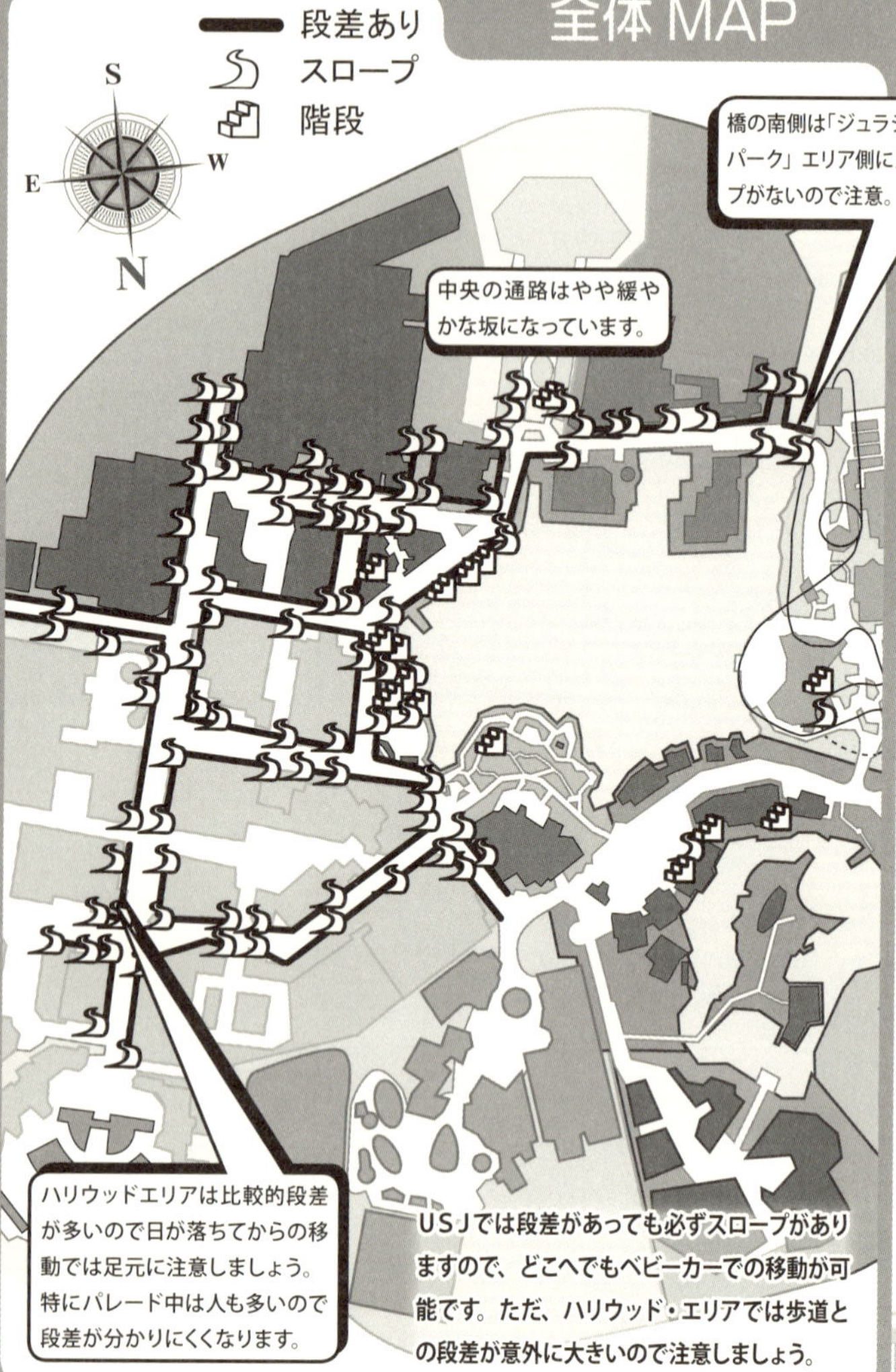

USJでは段差があっても必ずスロープがありますので、どこへでもベビーカーでの移動が可能です。ただ、ハリウッド・エリアでは歩道との段差が意外に大きいので注意しましょう。

段差・階段（バリアフリー）MAP

ハリーポッターエリア

中央の通路はやや緩やかな
坂道になっています。

ワンダーランドエリア

N
W
E
S
エルモの
イマジネーション
プレイランド
セサミストリート・プラザ
セサミ・セントラルパークへ下っていく坂
道は勾配が比較的大きいので、ベビー
カーで上り下りするときは要注意です。
セサミ・セントラルパーク

ベンチ

全体 MAP

S
W
E
N
ベンチ
「ジュラシック・アウトフィッターズ」の出口にあるベンチ。生垣で囲まれ店舗の屋根の下にあるため、強い日差しも雨も避けることができる大人気のスペースです。
屋根のあるスペースのベンチはひと休みするのに最適。人も多いが入れ替わりも多い。ただしパレードルートにあたるベンチは人気の場所です。
ラグーン周辺のベンチは数も多いが強い日差しを受けやすいので、休むのであれば日焼け止め必須。

パーク内の各所にベンチが置かれていますので、ちょっとした休憩はどこでも可能。ただし、ニューヨーク・エリアは少なめ。意外と日差しを浴びるので日焼けのし過ぎに注意しましょう。

ベンチMAP

ハリーポッターエリア

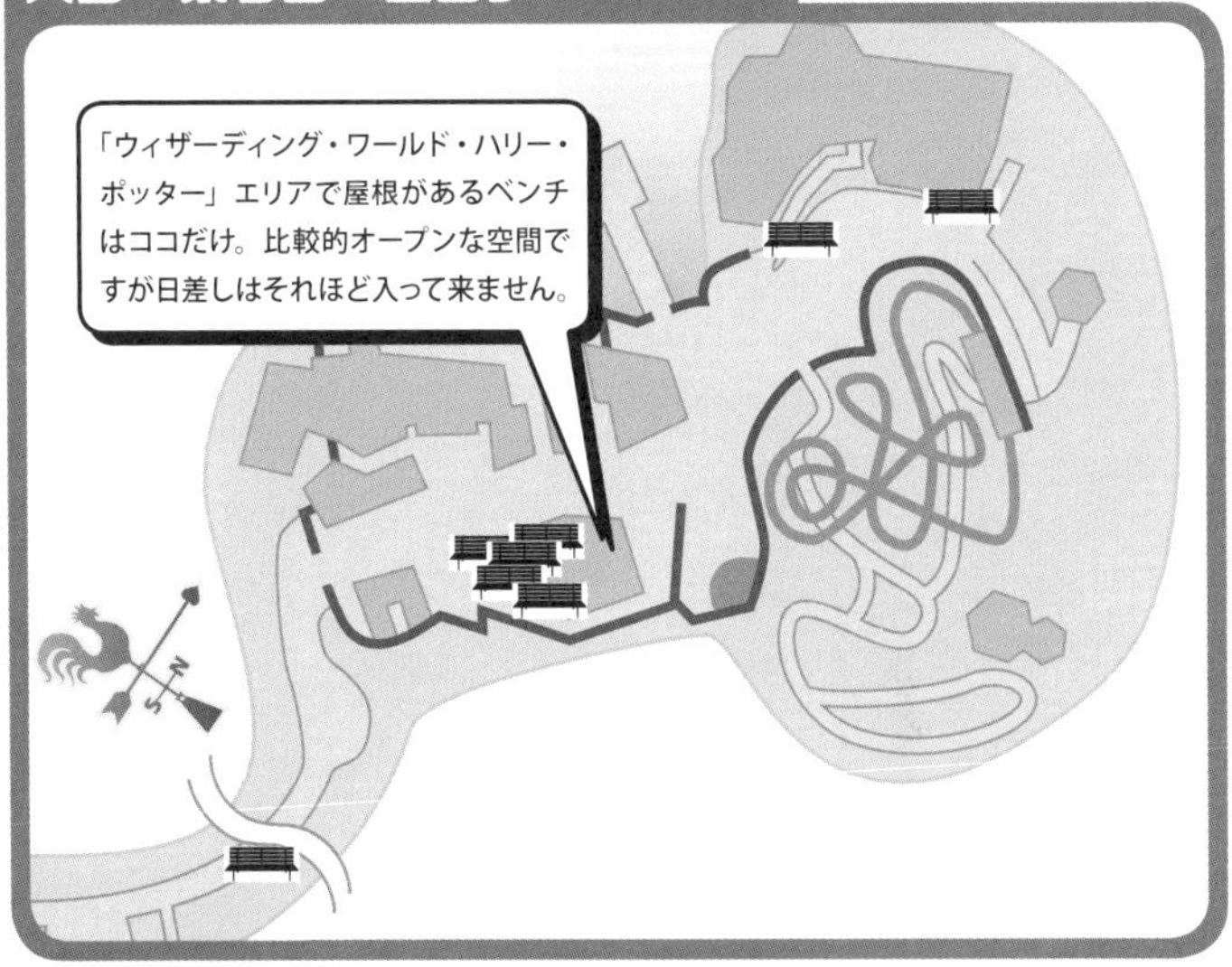
「ウィザーディング・ワールド・ハリー・ポッター」エリアで屋根があるベンチはココだけ。比較的オープンな空間ですが日差しはそれほど入って来ません。

ワンダーランドエリア

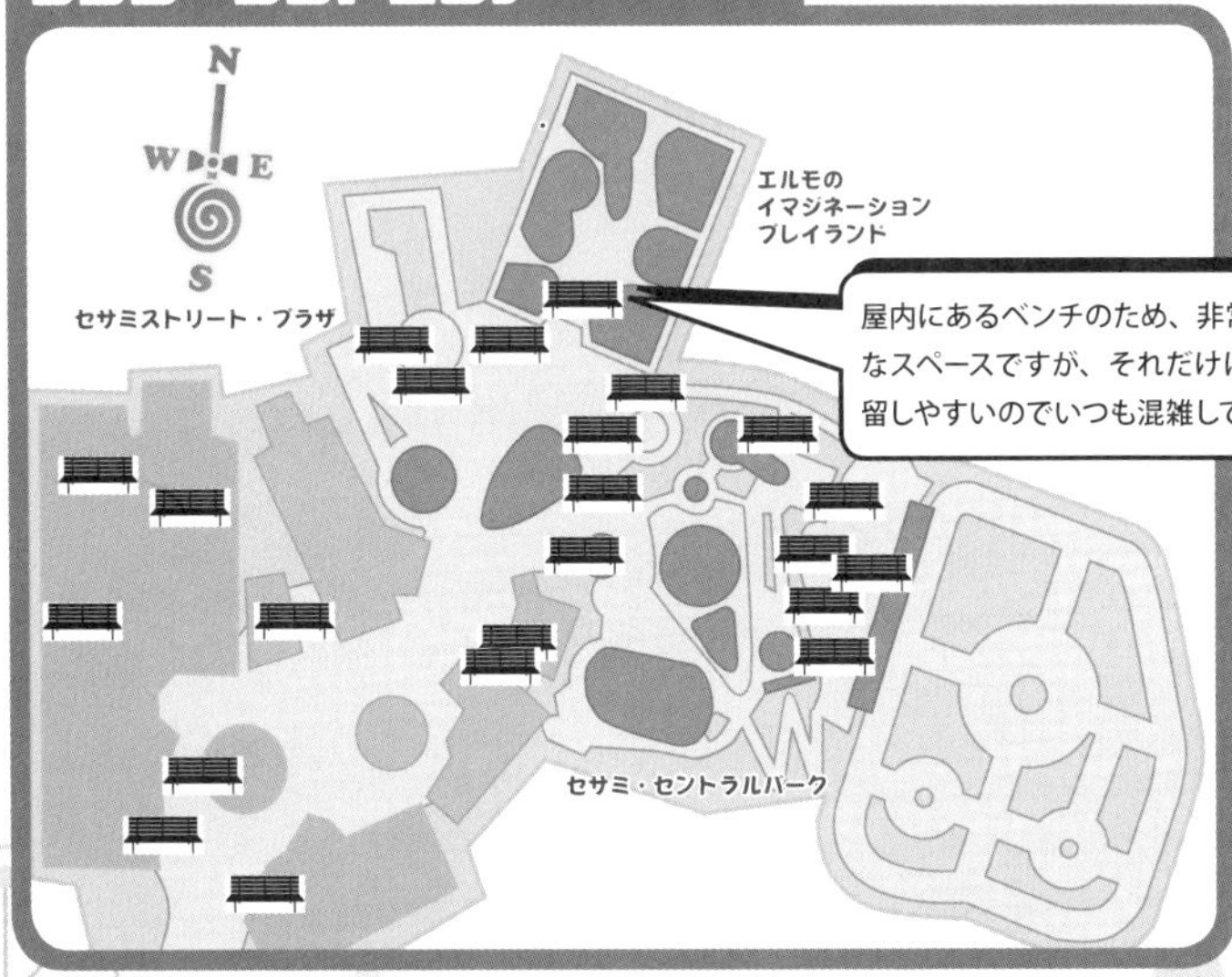
N
W
E
S
エルモの
イマジネーション
プレイランド
セサミストリート・プラザ
屋内にあるベンチのため、非常に快適なスペースですが、それだけに人が滞留しやすいのでいつも混雑しています。
セサミ・セントラルパーク

ゴミ箱

全体MAP

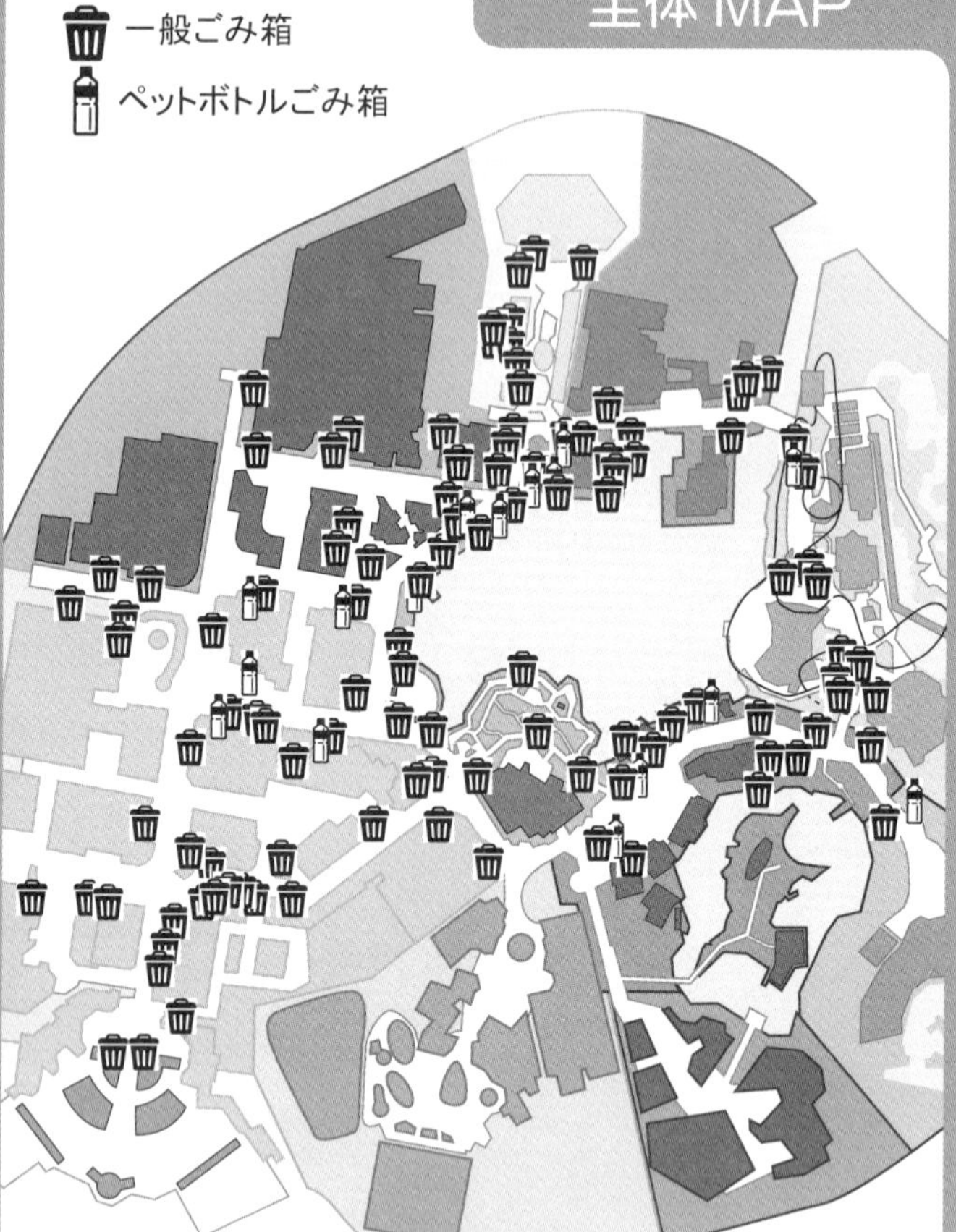

一般ごみのゴミ箱はいたるところに設置されています。ペットボトル専用のゴミ箱は自販機のそばには必ず設置されています。似たような外見のポストもあるので気をつけましょう。

ゴミ箱 MAP

ハリーポッターエリア

もしガラスビンの類を持ちこんでしまい、それを落として割ってしまったような場合は、自分でなんとかしようと思わず、すぐ近くのクルーに知らせよう。クルーがきちんと破片の処理をしてくれます。

ワンダーランドエリア

トイレ ＆ 喫煙スペース

全体 MAP

喫煙スペースは３か所確保されていますので、喫煙はそちらで可能です。ウォーターワールド・エリアのトイレは大きくて、すいているのですが、エリアがオープンしていないと利用することができません。

トイレ＆喫煙スペースMAP

ハリーポッターエリア

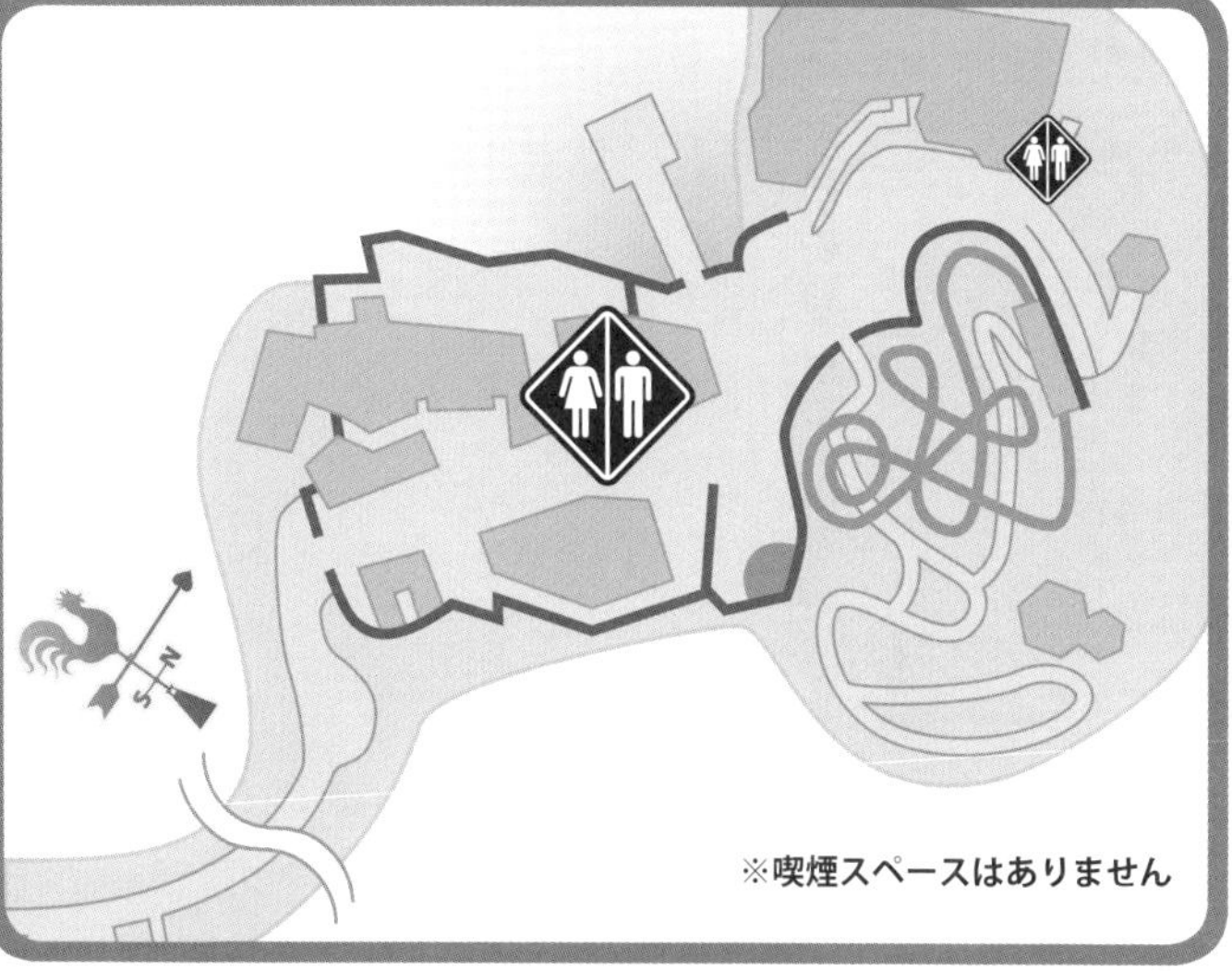

※喫煙スペースはありません

ワンダーランドエリア

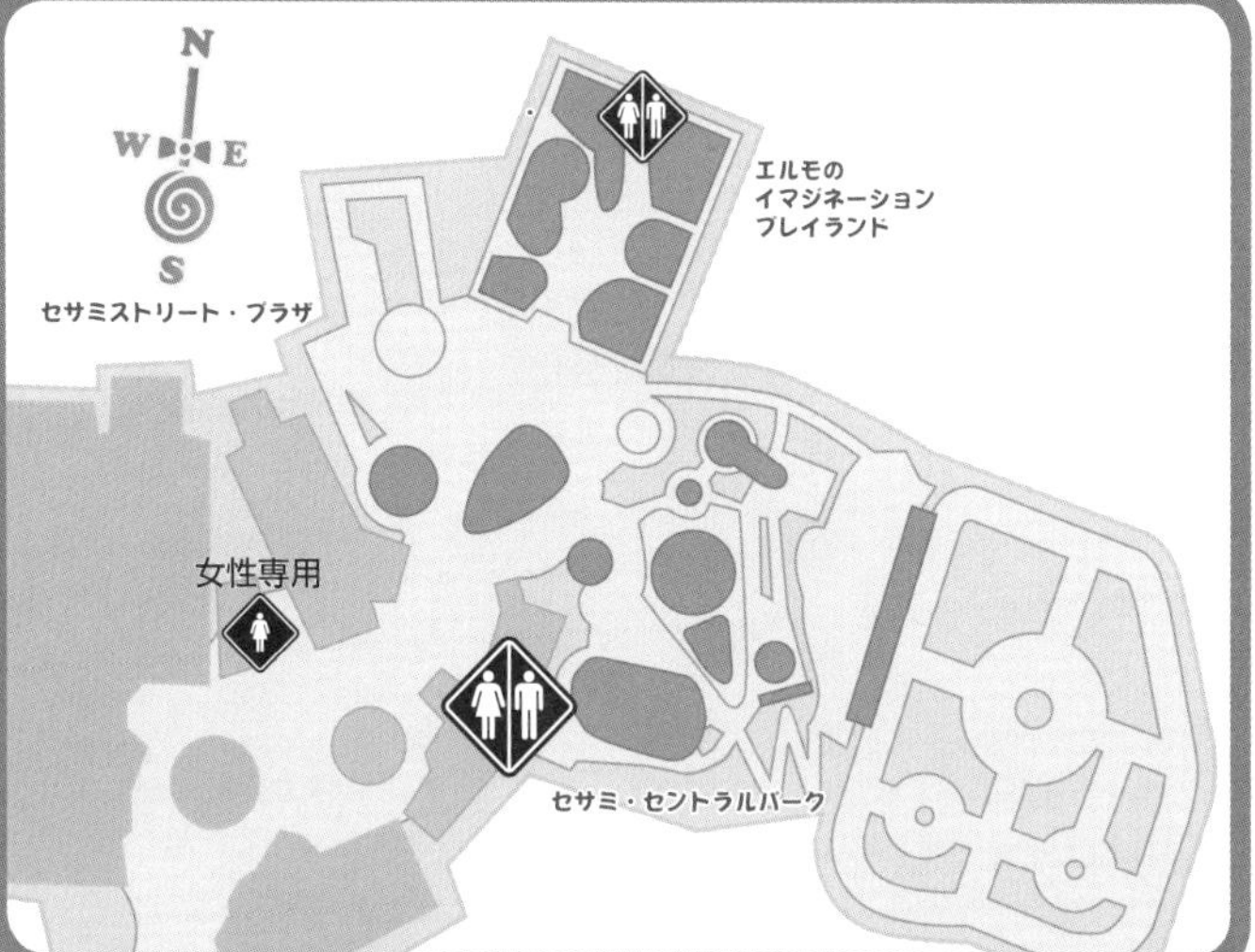

ロッカー & 充電器

全体MAP

パーク外のエントランス付近にあるロッカーには外国通貨の両替器が設置されていますので、外国人旅行者にも安心です。
充電器はトイレのある場所の入り口に設置されています。（30分 300円）

ロッカー&充電器MAP

ハリーポッターエリア

「ウィザーディング・ワールド・オブ・ハリー・ポッター」エリアにはロッカーや充電施設はありません

ワンダーランドエリア

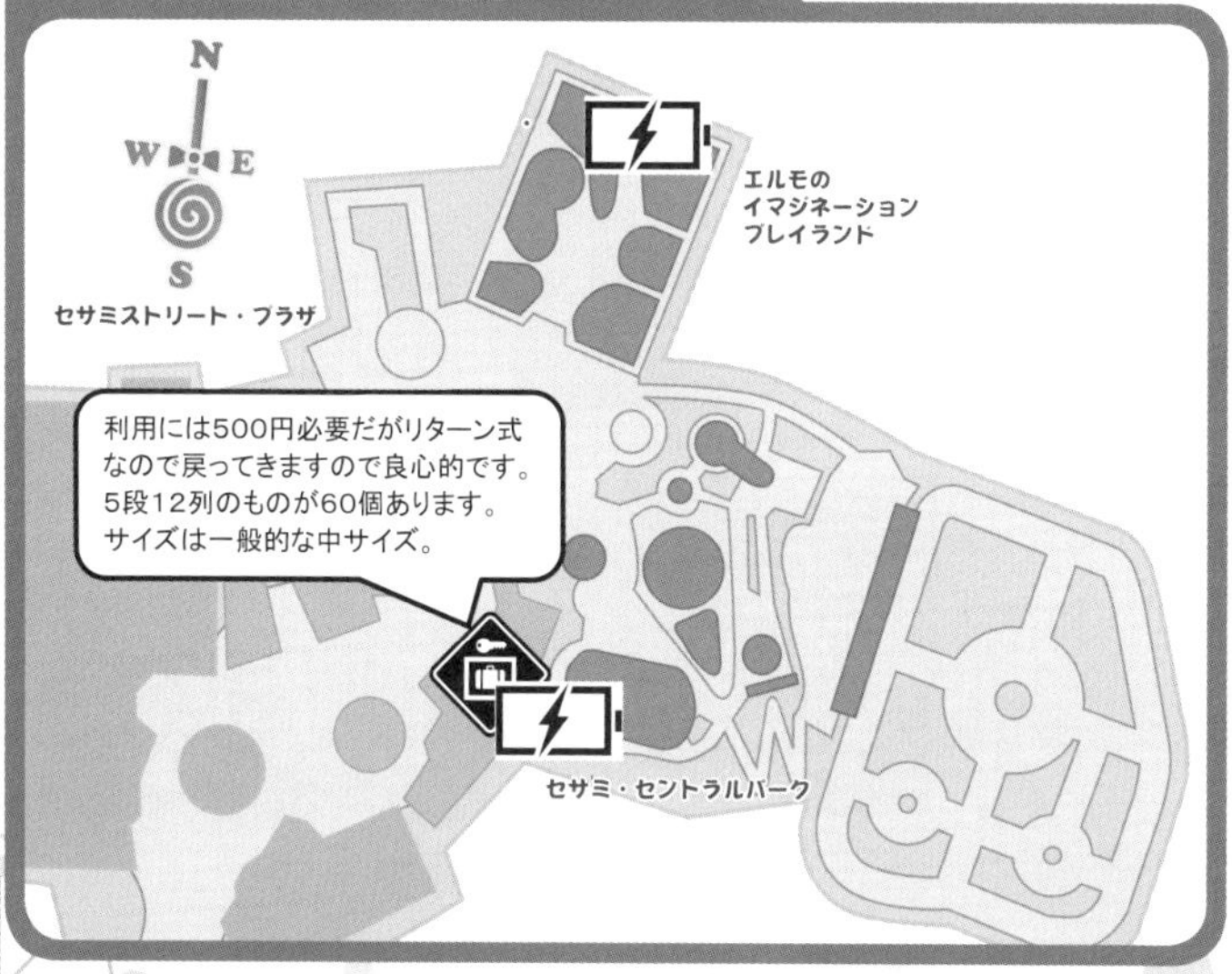
N
W
E
S
エルモの
イマジネーション
プレイランド
セサミストリート・プラザ
利用には500円必要だがリターン式なので戻ってきますので良心的です。
5段12列のものが60個あります。
サイズは一般的な中サイズ。
セサミ・セントラルパーク

自動販売機

全体 MAP

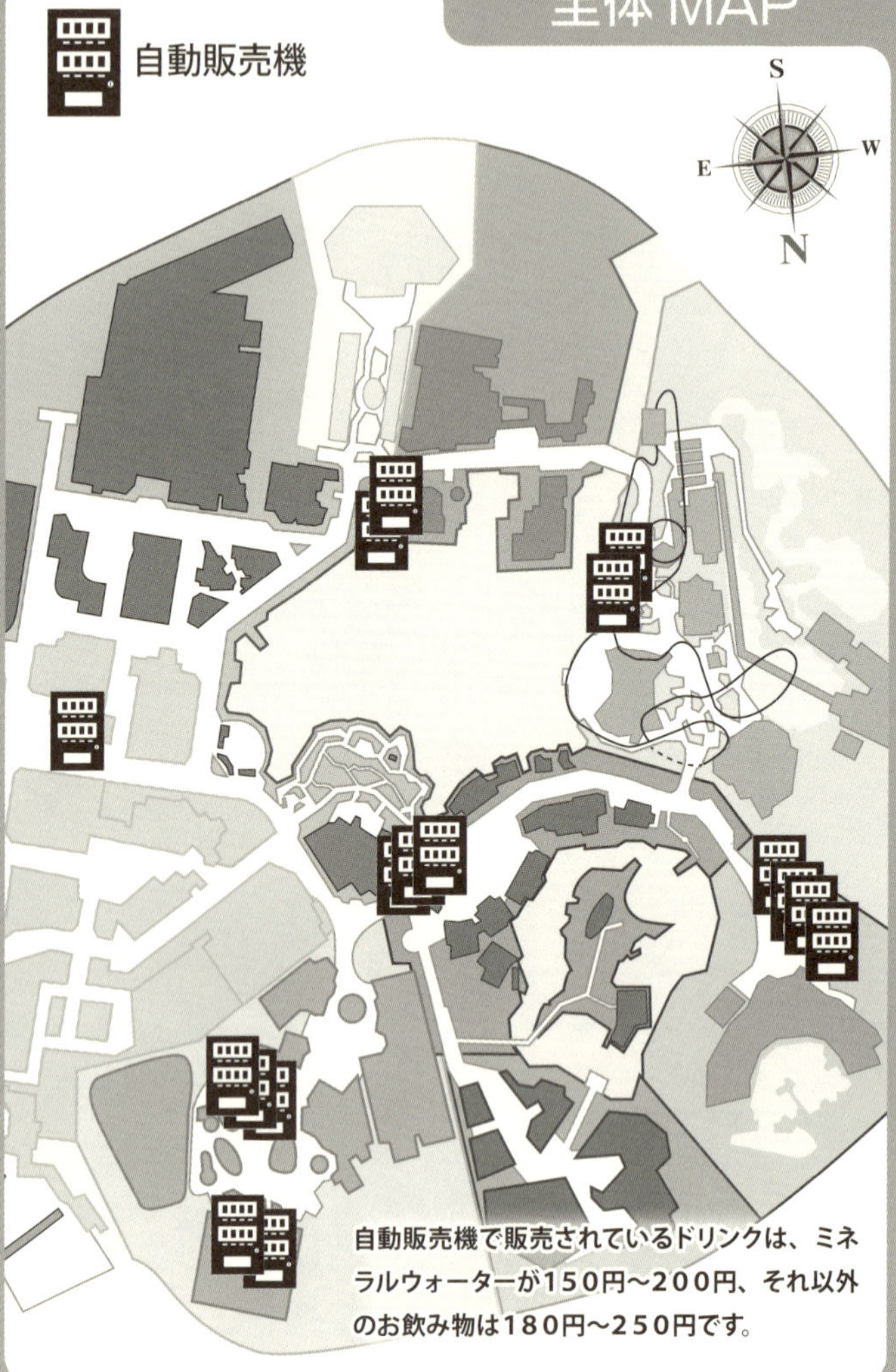

自動販売機で販売されているドリンクは、ミネラルウォーターが150円～200円、それ以外のお飲み物は180円～250円です。

徒歩での移動時間

エリア間所要時間（徒歩）

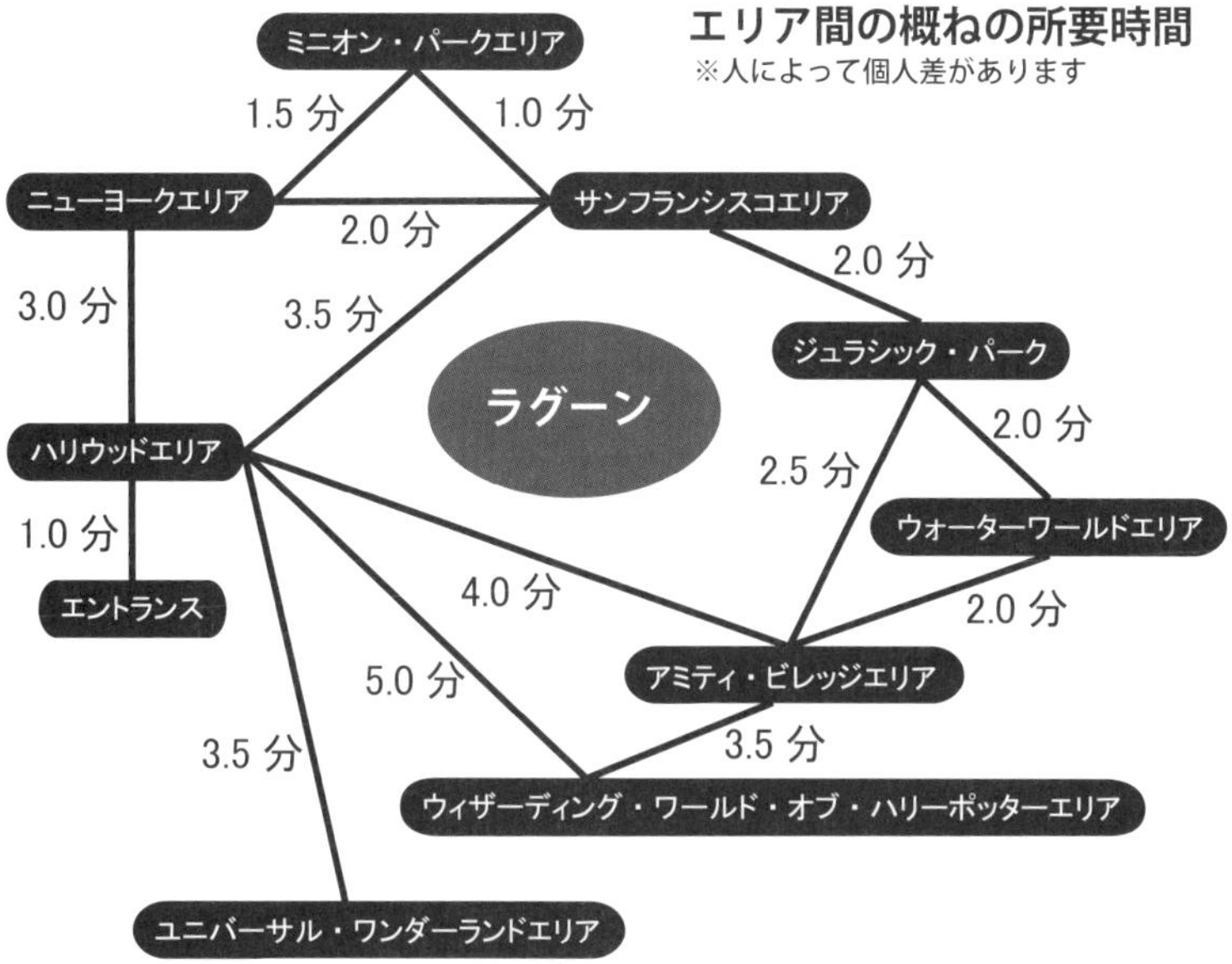

中央にラグーンがあるので、パークの反対側へ行くためにはどちらかから回り込む必要があります。そのためどちら側のルートを移動するかで意外と時間に差が出てきます。

今さら聞けない&こぼれ話

ユニバで遊ぶなら動きやすい服装を。季節イベントはコスプレを楽しもう

シーズンを通して共通していることは動きやすい服装を心がけること。冬場は暖房のきいた室内なら脱げるような上着を着用し、屋外ならヒートテックや使い捨てカイロなどをあらかじめ用意しておくことをおススメします。びしょ濡れアトラクションを利用するなら着替えの服を持参したほうが良さげ。アトラクションによっては**サンダル禁止**のものがあり、有料で靴のレンタルをすすめられることもあります。秋のハロウィーンはユニークなコスプレで周囲に差をつけましょう（ゾンビメイクでほかのゲストを脅したり、ユニバーサル・ワンダーランドへ立ち入ったりするのはダメです）。

そのためアトラクションを楽しみたい場合、おみやげなどの荷物になるものは最後にまとめて購入するようにしましょう。

ユニバへ遊びに行く前に観ておきたい映画のお話

古くはジョーズやターミネーター、最近だとSING など、ユニバには映画をモチーフにしたアトラクションが多数、あります。そのなかでもイチオシの作品は、**「ビートルジュース」**。字幕ではなく**吹き替え**で観て欲しい、ちょっとしたこだわりがあります。

マイケル・キートンが演じるビートルジュースの吹き替えは、奈良県生まれ大阪市育ち吉本クリエイティブ・エージェンシー所属芸人こと西川のりおさん。関西弁特有の言い回しでビートルジュースを演じているからこそ、ユニバーサル・モンスター・ライブ・ロックンロール・ショーのMCビートルジュースに紐づけられているのです。

なおオフィシャルホテルでは、ユニバに関係する映画を各部屋で鑑賞できるプランが用意されています。

得

ユニバの公式アプリを行く前にダウンロードしておきましょう

楽

ユニバの公式アプリは http://www.usj.co.jp/enjoy/app/ から、ダウンロードできます。**GPS機能**を搭載しているので、自分のいる位置から利用したいアトラクションまでの距離とスタンバイ時間が表示されるほか、ショーのスケジュールも掲載されているので、これらを確認しながら行動してみてください。施設情報の検索にも対応していますので、トイレや食事の場所なども、自分のいる場所からチェックするには便利です。しかし、この機能はユニバにいないと使えません。もしもスタンバイ時間を外から知りたいならば「MY待ち時間 for USJ」というアプリを活用してみてくださいね。ただし、通信量が多くなりますので消費電力も多くなります。バッテリーの残量には十分注意してください。

シーズンを通して閑散期がなく、ときには入場制限が掛かることも

閑散期がないユニバはいつ遊びに行けばよいか正直、迷うところです。土・日は常に混んでいますが、平日よりも営業時間が長めの傾向にあります。そのため、朝からユニバを満喫しているゲストであれば日没くらいに帰ることが多いので、**閉園間際**を狙いましょう。特に土曜日よりも日曜日のほうが、すく流れにあるようです。

あとは、午後3時から入場できるトワイライト・パスの**販売がない**とき。あるときは通常のスタジオ・パスよりも安価で購入できるだけでなく、早朝から楽しむゲストと実質入れ替えモードのため、閉園まで目一杯エンジョイされてしまいます。

だからこそ、人気ライドは閉園前でもスタンバイ終了で利用できないといった状況に陥ることがありえるのです。

スタンバイ時間を確認するにはスタジオ・インフォメーションで

混雑状況が一目でわかるスタジオ・インフォメーションという電光掲示板がユニバには2つあります。それぞれの設置場所は、サンフランシスコ・エリアとジュラシック・パークの間とウィザーディング・ワールド・オブ・ハリー・ポッター入場整理券発券所のあたり。スタンバイ時間はもちろんのこと、ライドの**運休情報**や整理券が必要なものの**配布状況**など、文字情報が多い場合はスクロール表示されます。閉園間際になるとクルーからのメッセージが流れることも。

余談ですが、ユニバ開園当初は電光掲示板がなく**手書き**でアナログ対応していたとのこと。時代の流れを感じますよね。実は多くのアトラクションでスタンバイ時間を多めに表示していますので時間そのものより時間の変化に注目しましょう。

キャラクターたちに出会ったら撮影やサインをおねだりしよう

キャラクターグリーティングはいたるところで実施されています。特に入場ゲート付近はキャラクター遭遇率が高く、ユニバ開園記念日にあたる3月31日の朝はキャラクターのみならずバックヤードのクルーなども大集合するのでぜひ、訪れて欲しいです。一緒に撮影する際はほかのゲストの割り込みをしないように気をつけてくださいね。ちなみにペンの持てるキャラクターであればサインがもらえることも。ハリウッド・ドリーム・ザ・ライドのあたりでマリリン・モンローと遭遇した際、サインをおねだりしたところ、快諾の上に**キスマーク**までつけてくださったので、ドキドキしちゃいました。また雨の日の夜はパレードの代わりにグリーティングが実施されます。雨天は意外とすいていることが多いです。

裏

手持ちのカメラなどでクルーへ撮影を頼むと…

撮影スポットには、「マーチャンダイズのエンターティナー」と呼ばれるフォトクルーが常駐しています。彼らは背景や光加減を考慮して、ベストショットのタイミングをはかってくれるので、クオリティに期待がもてます。自前のスマホやカメラなどで撮影をお願いする場合、ユニバのクルーは「3.2.1アクション!」などといった、映画の**撮影をイメージ**させるようなセリフを掛けてくれる傾向にあります。

ひょっとしたらクルーによって対応は違うかもしれませんが、笑いを取ったり感動を与えるといった配慮に共通しているのは、ゲストを笑顔にしたいという気持ち、なのかもしれませんね。また撮影してもらったクルーに「ありがとう」にひと言を添えれば、クルーも笑顔になりますね。

ユニバのことなら何でも知ってるパークコンシェルジュを探そう!

ユニバにいるクルーのつけている名札をみれば、ひと目で新人かベテランなのかを見分けることができます。特に新人クルーには「E」の文字が記されているのでわかりやすいです。名札には苗字が記載されていますが、ユニバーサル・ワンダーランドのクルーには名前がひらがなで記載されています。ところで、赤い制服を着たクルーを見かけたら積極的に声をかけてみてください。

なぜならば彼らは「**パーク・コンシェルジュ**」と呼ばれるユニバのすべてを知り尽くしたスペシャリストだから。難関なオーディションを突破しないとなれずクルーの100人に1人しかいないレアな存在なのです。そのためパークを巡回している人数も少なく、意識していないと見逃してしまうことも。

出会えるだけでも超ラッキーなんです。

ユニバで使える電子マネーやクレジットカードなどのお話

電子マネーはiD、WAON、QUICPayに対応していますが、外のワゴンや屋台では使えないので注意が必要です。なかでもイチ押しなのはWAON。理由は買い物で唯一**ポイントが貯まる**からです。ちなみにauウォレットは電子マネーとして使えないためチャージもできませんが、MasterCard扱いで1回払いにすれば、支払いとして使うことができます。

一方クレジットカードはVISA、MasterCard、JCB、銀聯カード、イオンカード、AMEX、Diners Club、Discoverの利用が可能ですが、全て1回払いのみで分割対応していません。VISAおよびJCBのギフトカードも使えますが、おつりが出ないので気をつけましょう。

なおクレジットカード機能付きの**年間スタジオ・パス・プラス**では、ポイントを年間スタジオ・パスの更新時に割引として使えます。

赤ちゃん連れのパパとママには2か所あるファミリーサービス

ここにはオムツの交換台と紙オムツ専用のごみ箱が設置してあり、オムツ替えをスムーズに行うことができます。

離乳食用の電子レンジや粉ミルク用のお湯もこちらで用意されているので、赤ちゃんの食事はこちらでどうぞ。ママ専用スペース「授乳室」は個室なので、赤ちゃんへのおっぱいもこちらで対応できます。ユニバでは飲食の持ち込みを禁止していますが、離乳食は**持ち込みOK**にしています。

ファミリーサービス以外にも、飲食施設以外の化粧室全16か所にはベビーケア用ベッドが男女1台ずつ設置されているので、パパも赤ちゃんの紙オムツ替えに対応できるのが嬉しいですね。おむつは取り扱っているパーク内のショップもありますので、急に必要になっても心配はありません。

同伴者とはぐれたときにおススメの待ち合わせ場所は

ユニバへ何度も訪れているリピーターでなければ、人込みのなかでの再会はハードル高いかもしれません。すべてのゲストは入場ゲートを利用するので**来た道を戻る**のがベターかもしれません。迷ったら近くのクルーに声をかけてみてください。おそらく、マップを観て確認するより早く解決策が見えてきます。

せっかくなので座って待ちたいというのであれば、ロッカー横か車イス／ベビーカーレンタルの横に備え付けのベンチがあるので、そちらを利用すると良いかもしれません。

入場ゲートに限らず、悪天候のときは雨風をしのげる屋根の下を**合流ポイント**とするよう心掛けてくださいね。ランドマークになりそうな場所には、セントラルパークにあるスタジオ・インフォメーション前やジョーズのフォトスポット前などがあります。

クルーに話しかければ、シールを貰えることもある

クルーから貰えるシールには、様々な種類が存在します。エルモだったりキティだったりミニオンだったり。バックヤードで働いているクルーもシールを持っていたりもしますが、なかなかゲストと触れ合う機会がないため、入手できればレアかもしれません。ただ、聞くところによるとシールはだんだん減ってきているらしいので、将来はひょっとしたら貰えなくなるかもしれません。

誕生日を知らせる「ハッピーバースデーシール」はこちらは**誕生日シール**をくださいとクルーに伝えれば貰えますが、特にその当日が誕生日であるということを証明する**必要がない**ため、いつでも入手することが可能です。そのシールを張ってパークを歩けば、クルーたちから「ハッピーバースデー！」と声をかけてもらえます。

裏

パパとママが交代でライドを利用できるチャイルドスイッチのお話

絶叫系アトラクションを楽しみたいのにお子さんがいるから乗れないとあきらめかけているパパやママに朗報です。**チャイルドスイッチ**はアトラクション利用できないお子さんがいる場合に、同伴者が2人いれば使えます。例えば、上のお子さんは普通にアトラクション利用ができても、下のお子さんが身長制限などで利用できない場合、まずパパと上のお子さんがアトラクションを利用します。その間、ママと下のお子さんは専用スペースで待機しましょう。パパたちが戻ってきたら、交代すればOK。

チャイルドスイッチ利用の場合は、並ぶ前に近くのクルーへ声をかけ、使いたい旨を伝えてください。もし小さなお子さんなどで長時間の行列待ちが難しい場合も、ぜひクルーに相談してみてください。

楽

ケガや体調がすぐれない場合は救護室・ファーストエイドへ

乗り物や3D酔いなどをおこしたら我慢せず、近くのクルーに声をかけて、**ファーストエイド**と呼ばれる救護室へ向かいましょう。海外の友人が利用した際は、紙に体調不良の理由と国籍および同伴者の連絡先を書かされました。記載が本人ではない理由はベッドで休める時間に制限があるため。それを超えないように迎えに来てという意味なんだそうです。ところで**クルー専用口のゲート**があるJR桜島駅側のファーストエイドはスタジオガイドに掲載されていません。緊急事態が発生されたエリアに応じて、搬送先のファーストエイドが決められるようなので、運ばれたらレアかもしれません。すいているからといって、ライド系のアトラクションをハシゴしたり、連続して乗ったりするのは避けましょうね。

職場や学校の友人たちに渡すオススメなユニバ土産のお話

ユニバへ行くことを周囲に話せば「お土産よろしく」と、いわれます。欲しいものリクエストを募っても「貰えれば、何でもいい」と、これといった希望はなし。それなのにタダで貰ったシールをあげても微妙な反応。だったら何でも良くないでしょと、思わずツッコミを入れたくなりますよね。

お土産選びのコツは小分けできるものを選ぶこと。ショップで**ユニバの袋**を多めに貰うのがポイントです。イチ押しは**「恐竜カツ!!」**。サクッとジューシーなソースカツ風のお菓子ですが16枚入りなので配布用には最適。特にお酒を飲まれる方は、ツマミの代わりになるからと喜ばれそうです。

またミニカップ麺は少々お高いですが、キャラクターを模したナルトが入っていますので受けること間違いありません。

ライドに持ち込めない手荷物はロッカーへ！　お土産は宅配が楽

手荷物が持ち込めない絶叫系のライドにはリターン式のコインロッカーが併設されています。しかし、預けられるのは一時的で置きっぱなしにすることができないため、身軽な状態で行動したほうが良さそうです。

ユニバの外であれば、ユニバーサルシティ駅にコインロッカーは多数ありますが、繁忙期だとほぼ埋まっているので、あまりおススメできません。ユニバのなかはユニバーサル・ワンダーランド内にある**出し入れ自由なロッカー**がイチ押し。あと、お土産は持ち歩かず、サクッと**宅配**しちゃいましょう。

ホームデリバリーサービスはスタジオギフト・イーストで利用できます。または、ザ・パークフロントホテル アット ユニバーサル・スタジオ・ジャパンにある「ローソン」などでも宅配を受け付けています。

得

●あとがきにかえて

大阪にカジノを含めたＩＲ（統合型リゾート）ができるという話題は有名ですが、場所が夢洲（ゆめしま）と聞いたとき、とっさにユニバのことを思い出したのです。シンガポールのユニバーサル・スタジオはリゾートワールドのなかにありますが、そこもまたＩＲを代表する観光地といっても過言ではありません。私はリゾートワールドが大好きで、シンガポールだけでなく、マニラやマレーシアの山奥にあるゲンティンハイランドなどにも遊びに行ったことがあります。世界のカジノをめぐりながら、日本にカジノができたら…というイメージを常に持ちつつも、大阪のユニバを訪れている外国人観光客の動きに注目しました。インバウンドは日本経済への影響が大きく、ユニバも少なからず恩恵を受けているように見受けられます。その証拠に、スタジオギフト・ウエストには免税サービスを受けようとする外国人観光客が人気ライドばりにこぞって並んでいますしね。英語や中国語表記の箇所が増えたことをヒントに、本書でも一部だけですが併記しました。外国の友達とユニバへ行く機会があれば一緒に見て欲しいと願っています。

大阪のユニバから発信されるコンテンツは世界中に大きな影響力をもたらしているように見受けられます。2019年の夏の目玉「ユニバーサル・サマー・フェスティバル」は、ミニオンと超大量の水でびしょ濡れにをコンセプトとしていますが、世界が認めるインフルエンサー・インスタグラムの国内フォロワー数1位の渡辺直美さんが、今回のイベントで「ビショ撮り」を呼びかけたので、さらなる注目を集めました。

ところでクールジャパンもまた、人気のアニメやゲームなどのタイアップで話題を呼んでいますが、2019年のラインナップのなかで「モンスターハンター」がなかったのは気になります。今までの傾向を追っていても2011年から2018年にかけて2013年以外は何かしらモンハンを体験できたのに……。あれだけのキラーコンテンツですから、きっと2020年以降に復活してくれることを個人的にですが、心待ちにしています。

2019年7月　IR研究家　てらこ

著者略歴

てらこ（寺崎美保子）IR 研究家

1974 年 7 月 17 日、神奈川県横浜市生まれ BRh- 型。北里大学在学中からテーマパークで働き、ライターとして独立。現在、てらこヘリテージ株式会社 代表取締役。
本書以外に「ユニバーサル・スタジオ・ジャパンが最高に楽しくなる 77 の裏ワザ」（彩図社）や、「ユニバーサル・スタジオ・ジャパンの便利ワザ」（三才ブックス）、「決定版 !! ユニバーサル・スタジオ・ジャパン徹底攻略裏技ガイド」（コスミック出版）などの制作を手掛ける。趣味はクルーズ旅行と世界のカジノめぐり。ポーカー実況アナウンサー
てらこのブログを毎日更新中。
http://terakobuta.hatenablog.com/

USJ《ユニバーサル・スタジオ・ジャパン》 令和完全攻略法《れいわかんぜんこうりゃくほう》

2019 年 8 月20日　初版第 1 刷発行

著者	てらこ
発行者	小川真輔
発行所	KK ベストセラーズ 〒 171-0021　東京都豊島区西池袋 5-26-19 陸王西池袋ビル 4 階 電話　03-5926-5322 (営業) 03-5926-6262 (編集) http://www.kk-bestsellers.com/
印刷所	錦明印刷
製本所	ナショナル製本
DTP	A-link
ブックデザイン	鴨下芳文
イラストレーション	BOM

ISBN978-4-584-13939-4 C0026